NAPOLEON HILL

QUEM PENSA ENRIQUECE!

EDIÇÃO OFICIAL E ORIGINAL DE 1937

DIAMANTE DE BOLSO

Título original: *Think and Grow Rich*

Quem pensa enriquece - Versão de bolso
1ª edição: dezembro 2020

Autor:
Napoleon Hill

Tradução:
Lúcia Brito
Mayã Guimarães

Preparação e edição:
Lúcia Brito

Revisão:
3GB Consulting

Projeto gráfico:
Dharana Rivas

DADOS INTERNACIONAIS DE CATALOGAÇÃO NA PUBLICAÇÃO (CIP)
Hill, Napoleon, 1883-1970
Quem pensa enriquece: edição oficial e original de 1937 / Napoleon Hill ; tradução de Lúcia Brito, Mayã Guimarães -- Porto Alegre : CDG, 2020.
144 p.

ISBN 978-65-87885-08-7
Título original: Think and Grow Rich

1. Sucesso nos negócios 2. Sucesso 3. Autoajuda I. Título

20-3550 CDD 650.1

Produção editorial e distribuição:

CITADEL Grupo Editorial
contato@citadel.com.br
www.citadel.com.br

Diamante de Bolso

A coleção Diamante de Bolso apresenta os clássicos dc Napoleon Hill em versão concisa. Os títulos do catálogo da Citadel Editora foram cuidadosamente lapidados para oferecer facetas cintilantes da obra original.

Este diamante é uma pequena gema para estimular a leitura do livro na íntegra. Uma joia para acompanhar o leitor no dia a dia, como lembrete ou fonte de inspiração.

Aproveite.

QUEM PENSA ENRIQUECE

A fórmula de Andrew Carnegie para se ganhar dinheiro, baseada nos treze passos comprovados para a riqueza, é ensinada pela primeira vez.

Organizado ao longo de 25 anos de pesquisa em colaboração com mais de quinhentos homens de grande destaque e riqueza, que comprovaram por suas realizações a aplicação prática desta filosofia.

Por Napoleon Hill

Autor da filosofia da Lei do Sucesso

1937

QUAL É A COISA QUE VOCÊ MAIS QUER?

DINHEIRO, FAMA, PODER, CONTENTAMENTO, PAZ MENTAL, FELICIDADE?

Os treze passos para a riqueza descritos neste livro oferecem a mais resumida e confiável filosofia de realização pessoal para o benefício de quem tem um objetivo definido na vida. Ao analisar centenas de homens de sucesso, o autor descobriu que todos mantinham o hábito de trocar ideias por meio do que é comumente chamado de conferência. Quando tinham problemas a resolver, sentavam-se juntos e conversavam até descobrir, a partir das ideias apresentadas, um plano adequado a seus propósitos.

Você obterá o máximo proveito deste livro colocando em prática o princípio do MasterMind aqui descrito. Você pode formar um grupo de estudo e se reunir com os membros em períodos regulares, se possível uma vez por semana. A cada encontro deve ser lido um capítulo do livro; a seguir, o conteúdo deve ser discutido por todos. Cada integrante deve anotar todas as ideias inspiradas pela discussão. Também deve ler e analisar cuidadosamente cada capítulo dias antes da reunião.

Ao seguir esse plano, todo leitor obterá destas páginas não apenas a soma total do melhor conhecimento organizado a partir das experiências de centenas de homens de sucesso, mas, muito mais importante, acessará novas fontes de conhecimento na própria mente, bem como adquirirá de todos os demais presentes conhecimento de valor inestimável. Se você seguir esse plano de modo persistente, com certeza descobrirá e se apropriará da fórmula secreta pela qual Andrew Carnegie adquiriu sua enorme fortuna.

SUMÁRIO

Prefácio da edição brasileira 9

Prefácio do autor 11

Capítulo 1: Desejo 13

Capítulo 2: Fé 21

Capítulo 3: Autossugestão 31

Capítulo 4: Conhecimento especializado 41

Capítulo 5: Imaginação 47

Capítulo 6: Planejamento organizado 51

Capítulo 7: Decisão 77

Capítulo 8: Persistência 83

Capítulo 9: O poder do MasterMind 93

Capítulo 10: O mistério da transmutação do sexo 99

Capítulo 11: A mente subconsciente 107

Capítulo 12: O cérebro 113

Capítulo 13: O sexto sentido 117

Capítulo 14: Como vencer os seis fantasmas do medo 123

PREFÁCIO DA EDIÇÃO BRASILEIRA

O livro que está em suas mãos é o título mais conhecido de Napoleon Hill no mundo. *Quem pensa enriquece* transpôs barreiras territoriais, políticas e de linguagem. Traduzido em muitos países, com milhões de cópias vendidas, impactou incontáveis vidas direta e indiretamente. O livro que já era sucesso no Brasil chega agora em uma edição mais do que especial, chancelada pela Fundação Napoleon Hill. Mesmo com o decorrer de muitas décadas, continua atual, original e totalmente aplicável à realidade.

Em 1978, tive contato com *A Lei do Triunfo*, de Napoleon Hill. O livro ajudou a curar meu medo da pobreza. Foi uma leitura de enorme ajuda. Fez-me decidir de uma vez por todas como eu realizaria meus objetivos. Unificou meu pensamento e proporcionou um caminho direto e claro para alcançar o que eu desejava. Aprendi no livro que mais de 90% das pessoas ricas não nasceram ricas. E que o fato de terem nascido pobres se tornou uma vantagem competitiva ao longo da vida, pois descobriram que problemas não matam. O livro me fez entender que eu não era pobre. Eu apenas não tinha dinheiro no momento. E isso foi libertador!

Espero que, assim como fizeram comigo, as pérolas de Napoleon Hill lhe ensinem que o potencial está em você, e, independentemente de sua condição financeira atual, você não é pobre, porque aquilo que tem dentro de você vale muito mais do que o ouro. Tudo o que sua mente pode imaginar, você pode realizar, nunca se esqueça disso.

– Jamil Albuquerque

Presidente do MasterMind e representante da Fundação Napoleon Hill para a língua portuguesa

PREFÁCIO DO AUTOR

Em todos os capítulos deste livro é feita menção ao segredo de ganhar dinheiro que produziu as fortunas de homens tremendamente ricos. O segredo não é nomeado diretamente, pois parece funcionar com mais êxito quando é apenas desnudado e deixado à vista, onde aqueles que estão prontos e à procura dele podem pegá-lo.

O segredo a que me refiro não pode ser obtido sem um preço, embora o preço seja muito menor do que seu valor. O segredo não pode ser adquirido por preço algum por quem não o procura de forma deliberada. Não pode ser doado e não pode ser comprado com dinheiro porque é dividido em duas partes. Uma parte já está em posse daqueles que estão prontos.

Em algum lugar, enquanto você lê, o segredo a que me refiro pulará da página e permanecerá audaciosamente à sua frente – se você estiver pronto. Quando ele aparecer, você o reconhecerá. Ao receber o sinal, seja no primeiro ou no último capítulo, pare por um momento quando ele se apresentar e comemore, pois a ocasião marcará o ponto de virada mais importante de sua vida.

Como uma palavra final de preparação antes de você começar o primeiro capítulo, posso dar uma pista de como o segredo de Carnegie pode ser reconhecido? A dica é a seguinte: todas as realizações, todas as riquezas conquistadas, têm início com uma ideia. Se você está pronto para o segredo, já tem metade dele; portanto, reconhecerá prontamente a outra metade no momento em que ela vier à mente.

Capítulo 1

DESEJO

O PONTO DE PARTIDA DE TODA REALIZAÇÃO

Primeiro passo para a riqueza

Há muito tempo, um grande guerreiro enfrentou uma situação que exigiu uma tomada de decisão para garantir o sucesso no campo de batalha. Ele estava prestes a enviar seus exércitos contra um inimigo poderoso, cujo número de soldados era maior que o dele. O militar embarcou os soldados em navios, navegou para o país inimigo, desembarcou os homens e equipamentos e então deu a ordem para queimar as embarcações. Dirigindo-se às tropas antes da primeira batalha, ele disse: "Vocês estão vendo os barcos virar fumaça. Isso significa que não podemos deixar essas margens vivos a menos que ganhemos. Agora não temos escolha – é vencer ou perecer". Eles venceram.

Toda pessoa que deseja vencer em qualquer empreendimento deve estar disposta a queimar seus navios e cortar todas as linhas de retirada. Só assim é possível ter certeza de manter o desejo ardente de vencer, vital para o sucesso.

Todo ser humano tem vontade de ter dinheiro. Ter vontade não trará riqueza. Mas desejar riqueza com um estado mental que se torne uma obsessão, planejar meios definidos para adquirir riqueza e respaldar esses planos com persistência que não reconhece fracasso trará riqueza.

O método pelo qual o desejo de riqueza pode ser transmutado em seu equivalente financeiro consiste em seis etapas práticas e definidas. São elas:

- Fixe na mente a quantidade exata de dinheiro que você deseja. Não basta dizer "quero bastante dinheiro". Seja específico quanto ao montante. (Existe um motivo psicológico para a exatidão, que será descrito em um capítulo posterior.)

- Determine exatamente o que você pretende dar em troca do dinheiro que deseja. (Não existe essa coisa de "algo a troco de nada".)
- Estabeleça a data definida em que você pretende ter o dinheiro que deseja.
- Crie um plano definido para realizar seu desejo e coloque-o em ação imediatamente, pronto ou não.
- Escreva uma declaração clara e concisa da quantia de dinheiro que você pretende adquirir, cite o prazo para a aquisição, indique o que você pretende dar em troca do dinheiro e descreva com clareza o plano pelo qual pretende acumular a quantia.
- Leia sua declaração escrita duas vezes por dia em voz alta, uma vez antes de se recolher à noite e uma vez após se levantar pela manhã. Ao ler, veja, sinta e acredite que já está de posse do dinheiro.

É importante que você siga as instruções descritas nessas seis etapas. É especialmente importante que você observe e siga as instruções do sexto item. Você pode reclamar que é impossível se ver de posse do dinheiro antes de realmente tê-lo. É aqui que um desejo ardente virá em seu auxílio. Se você desejar o dinheiro com tamanha intensidade que seu desejo seja uma obsessão, não terá dificuldade de se convencer de que irá adquiri-lo. O objetivo é querer o dinheiro e ficar tão determinado a tê-lo que você se convence de que o terá.

Apenas aqueles que se tornam conscientes do dinheiro acumulam grande riqueza. Consciência do dinheiro significa que a mente fica tão completamente saturada com o desejo por dinheiro que a pessoa consegue se ver já de posse dele.

As etapas não exigem trabalho duro. Não exigem sacrifício. Não requerem que a pessoa se torne ridícula ou crédula. Aplicá-las não requer um grau elevado de instrução. Contudo, a aplicação bem-sucedida das seis etapas exige imaginação suficiente para ver e entender que a acumulação de dinheiro não pode ser deixada ao acaso, à sorte e à boa fortuna. É preciso perceber que todos os que acumularam grandes fortunas primeiro sonharam, esperaram, quiseram, desejaram e planejaram antes de adquirir o dinheiro.

Você também deve ficar ciente de que nunca poderá ter grande riqueza a menos que consiga chegar a um estado de desejo abrasador por dinheiro e acreditar de verdade que o obterá. Deve ficar ciente ainda de que todo grande líder, desde o início da civilização até o presente, é um sonhador. Se você não vê grande riqueza em sua imaginação, nunca a verá em seu saldo bancário.

Nós que estamos na corrida pela riqueza devemos ficar motivados por saber que esse mundo transformado em que vivemos exige novas ideias, novas maneiras de fazer as coisas, novos líderes, novas invenções, novos métodos de ensino, novos métodos de *marketing*. Por trás de toda essa demanda por coisas novas e melhores, há uma qualidade que é preciso ter para vencer – e esta é a definição de objetivo, o conhecimento do que se quer e um desejo ardente de tê-lo.

Nós que desejamos acumular riquezas devemos lembrar que os verdadeiros líderes do mundo sempre foram homens que aproveitaram e colocaram em uso prático as forças intangíveis e invisíveis da oportunidade vindoura e converteram essas forças (ou impulsos de pensamento) em arranha-céus, cidades, fábricas, aviões, automóveis e toda forma de conforto que torna a vida mais agradável.

Tolerância e mente aberta são artigos de primeira necessidade dos sonhadores de hoje. Quem tem medo de novas ideias está condenado antes de começar.

Ao planejar adquirir seu quinhão de riqueza, não deixe ninguém o influenciar a desprezar o aspecto sonhador. Para vencer as grandes apostas neste mundo transformado, você deve se apoderar do espírito dos grandes pioneiros do passado, cujos sonhos deram à civilização tudo o que ela tem de valor, o espírito que serve como o sangue vital do próprio país – sua oportunidade e a minha de desenvolvermos e comercializarmos nossos talentos.

Se a coisa que você deseja fazer é certa e você acredita nela, vá em frente e faça. Revele seu sonho e não se preocupe com o que os outros vão dizer caso você se depare com uma derrota temporária, pois os outros talvez não saibam que todo fracasso traz consigo a semente de um sucesso equivalente.

O mundo não zomba mais do sonhador, nem o chama de irrealista. O mundo se acostumou a novas descobertas. Mais que isso, demonstra vontade de recompensar o sonhador que oferece uma nova ideia.

Um desejo ardente de ser e fazer é o ponto de partida do qual o sonhador deve decolar. Os sonhos não nascem de indiferença, preguiça ou falta de ambição.

Existe uma diferença entre desejar uma coisa e estar pronto para recebê-la. Ninguém está pronto para nada até acreditar que possa adquiri-la. O estado mental deve ser de crença, não meramente de esperança ou vontade.

A mente aberta é essencial para a crença. Mentes fechadas não inspiram fé, coragem e crença.

Lembre-se, não é necessário mais esforço para ter um grande objetivo na vida, exigir abundância e prosperidade do que para aceitar a miséria e a pobreza.

Estranho e imponderável é o poder da mente humana. Não entendemos o método pelo qual ela utiliza todas as circunstâncias, todos os indivíduos, todas as coisas físicas ao seu alcance como meios de transmutar o desejo em sua contraparte física. Talvez a ciência descubra esse segredo.

Acredito no poder do desejo apoiado pela fé porque vi esse poder alçar homens de começos humildes a elevados patamares de poder e riqueza, vi esse poder roubar o túmulo de suas vítimas, vi esse poder servir de meio pelo qual os homens dão a volta por cima depois de derrotados de centenas de maneiras diferentes,.

Como alguém pode aproveitar e usar o poder do desejo? Isso é respondido neste e nos capítulos subsequentes deste livro.

Capítulo 2

FÉ

VISUALIZAÇÃO E CRENÇA NA REALIZAÇÃO DO DESEJO

Segundo passo para a riqueza

Fé é um estado mental que pode ser induzido ou criado por afirmações ou por instruções repetidas à mente subconsciente mediante autossugestão. A repetição de ordens à mente subconsciente é o único método conhecido para o desenvolvimento da fé. Qualquer pensamento transmitido ao subconsciente repetidas vezes acaba sendo aceito e o subconsciente passa a agir de acordo, a fim de traduzir tal pensamento em seu equivalente físico pelo procedimento mais prático que esteja disponível.

Não apenas os pensamentos misturados à fé, mas também aqueles misturados com qualquer uma das emoções positivas ou negativas podem alcançar e influenciar a mente subconsciente. A partir dessa afirmação, você entenderá que a mente subconsciente traduzirá em seu equivalente físico um pensamento de natureza negativa ou destrutiva tão prontamente quanto agirá sobre pensamentos de natureza positiva ou construtiva.

Isso explica o estranho fenômeno conhecido como "infortúnio" ou "azar", experimentado por muita gente. Milhões de pessoas acreditam-se condenadas à pobreza e ao fracasso por causa de alguma força estranha sobre a qual acreditam não ter controle. Essas pessoas são criadoras dos próprios infortúnios devido à crença captada pela mente subconsciente e traduzida em seu equivalente físico.

Este é um bom momento para sugerir de novo que você pode se beneficiar ao transmitir para o subconsciente qualquer desejo que queira traduzir no equivalente físico ou monetário em um estado de expectativa ou crença de que a transmutação realmente ocorrerá. Sua crença ou fé é o que determina a ação do subconsciente.

Não há nada que o impeça de "enganar" sua mente subconsciente ao dar instruções por autossugestão. Para tornar a "enganação" mais realista, quando invocar o subconsciente, comporte-se como faria se já estivesse de posse da coisa material que está exigindo. O subconsciente transmutará em seu equivalente físico, pelo meio mais direto e prático disponível, qualquer ordem dada em estado de crença ou fé de que o comando será executado.

A mente acaba por assumir a natureza das influências que a dominam. Entenda essa verdade e você saberá por que é essencial incentivar as emoções positivas como forças dominantes de sua mente e desestimular e eliminar as emoções negativas.

Uma mente dominada por emoções positivas torna-se propícia ao estado mental conhecido como fé. Uma mente sob tal domínio pode dar instruções à vontade para o subconsciente, que as aceitará e agirá de acordo imediatamente.

Ao longo dos tempos, os religiosos têm aconselhado a humanidade aflita a "ter fé" nesse, naquele e naquele outro dogma ou credo, mas fracassam em dizer às pessoas como ter fé. Não afirmam que fé é um estado mental que pode ser induzido por autossugestão.

Tenha fé em si mesmo; fé no infinito. Recorde mais uma vez que:

- Fé é o elixir eterno que concede vida, poder e ação ao pensamento.
- Fé é o ponto de partida de toda acumulação de riqueza.
- Fé é a base de todos os milagres e de todos os mistérios que não podem ser analisados pelas leis da ciência.
- Fé é o único antídoto conhecido para o fracasso.
- Fé é o elemento, a substância química que, quando misturada à oração, permite uma comunicação direta com a Inteligência Infinita.

- Fé é o elemento que transforma a vibração comum do pensamento, criada pela mente finita do ser humano, no equivalente espiritual.
- Fé é o único agente mediante o qual a força cósmica da Inteligência Infinita pode ser controlada e usada pelo ser humano.

Cada uma das declarações anteriores pode ser comprovada. A comprovação é simples e facilmente demonstrável. Está contida no princípio da autossugestão. Vamos centrar nossa atenção, portanto, na autossugestão e descobrir o que é e o que pode produzir.

É fato bem conhecido que os indivíduos acabam por acreditar no que quer que repitam para si mesmos, seja a afirmação verdadeira, seja falsa. Se um homem repetir uma mentira vezes e mais vezes, acabará aceitando a mentira como verdade. Mais do que isso – acreditará que é verdade. Todo indivíduo é o que é por causa dos pensamentos dominantes que permite que ocupem sua mente. Pensamentos que a pessoa deliberadamente coloca na própria mente, encoraja com simpatia e aos quais mistura uma ou mais emoções constituem as forças motivadoras que dirigem e controlam todos os seus gestos e ações.

Qualquer ideia, plano ou propósito pode ser colocado na mente mediante repetição do pensamento. Por isso você deve redigir uma declaração de sua maior meta ou objetivo principal definido, memorizá-la e repeti-la em voz alta dia após dia, até essas vibrações sonoras chegarem a seu subconsciente.

Nós somos o que somos por causa das vibrações de pensamento que captamos e registramos em meio aos estímulos do ambiente cotidiano. Decida-se a jogar fora as influências de qualquer ambiente infeliz e a construir a própria vida como deseja. Fazendo um inventário dos ativos e passivos mentais, você descobrirá que sua maior fraqueza é a falta de autoconfiança. Essa desvantagem pode ser superada e a timidez pode ser traduzida em coragem com a ajuda da autossugestão. A aplicação desse princípio pode ser feita mediante um simples conjunto de pensamentos positivos declarados por escrito, memorizados e repetidos até se tornarem parte do equipamento de trabalho da mente subconsciente.

FÓRMULA DA AUTOCONFIANÇA

- Sei que tenho capacidade para alcançar meu objetivo definido de vida; portanto, exijo de mim uma ação persistente e contínua rumo à sua consecução e prometo aqui e agora realizar tal ação.
- Entendo que os pensamentos dominantes em minha mente acabarão se reproduzindo em ação física externa e gradualmente se transformarão em realidade física; portanto, me concentrarei por trinta minutos diários na tarefa de pensar sobre a pessoa que pretendo me tornar, criando em minha mente uma imagem mental clara dessa pessoa.
- Sei que, pela autossugestão, qualquer desejo que mantenha de modo persistente em minha mente, esta acabará buscando os meios práticos para alcançá-los;

portanto, dedicarei dez minutos diários para exigir de mim o desenvolvimento da autoconfiança.

- Redigi uma descrição clara do meu objetivo principal definido de vida e não vou parar de tentar até ter desenvolvido autoconfiança suficiente para sua realização.
- Entendo plenamente que nenhuma riqueza ou posição pode durar muito tempo, a menos que construída sobre a verdade e a justiça; portanto, não participarei de nenhuma transação que não beneficie a todos os envolvidos. Terei sucesso atraindo para mim as forças que desejo usar e a cooperação de outras pessoas. Induzirei os outros a me servir mostrando minha disposição de servir aos outros. Eliminarei o ódio, a inveja, o ciúme, o egoísmo e o cinismo, desenvolvendo amor por toda a humanidade, porque sei que uma atitude negativa em relação aos outros nunca poderá me trazer sucesso. Farei com que outros acreditem em mim porque acreditarei neles e em mim mesmo.

> Vou assinar meu nome nessa fórmula, memorizá-la e repeti-la em voz alta uma vez por dia, com plena fé de que aos poucos influenciará meus pensamentos e ações para que eu me torne uma pessoa autossuficiente e bem-sucedida.

Por trás dessa fórmula está uma lei da natureza que nenhum homem foi capaz de explicar até hoje. Ela tem intrigado os cientistas de todas as épocas. Os psicólogos chamaram essa lei de autossugestão e deixaram por isso.

Pouco importa o nome que se dê à lei. O importante é o seguinte: ela atua para a glória e sucesso da humanidade se usada de forma construtiva. Porém, se usada de modo destrutivo, será destrutiva com a mesma prontidão. Aqueles que sucumbem em derrota e acabam a vida na pobreza, miséria e angústia o fazem por causa da aplicação negativa da autossugestão. Isso porque todos os pensamentos tendem a se revestir de seu equivalente físico.

A mente subconsciente não faz distinção entre pensamentos construtivos e destrutivos. Ela trabalha com o material que fornecemos por meio de nossos pensamentos. A mente subconsciente traduzirá em realidade um pensamento impulsionado pelo medo tão prontamente quanto um pensamento impulsionado pela coragem ou fé.

Se você encher sua mente de medo, dúvida e incredulidade em sua capacidade de se conectar às forças da Inteligência Infinita e utilizá-las, a autossugestão captará esse espírito de incredulidade e o utilizará como um padrão que a mente subconsciente traduzirá no equivalente físico. Como o vento que carrega um navio para o leste e outro navio para o oeste, a autossugestão o levará para cima ou para baixo conforme você ajustar as velas do pensamento.

A riqueza começa em forma de pensamento. A quantia é limitada apenas pela pessoa em cuja mente o pensamento é posto em ação. A fé remove limitações. Lembre-se disso quando estiver pronto para negociar com a vida o que quer que você peça como preço por ter trilhado esse caminho.

Capítulo 3

AUTOSSUGESTÃO

O MEIO DE INFLUENCIAR
A MENTE SUBCONSCIENTE

Terceiro passo para a riqueza

Autossugestão é um termo que se aplica a todas as sugestões e todos os estímulos autoadministrados que chegam à mente. Em outras palavras, autossugestão é sugestão do indivíduo para si mesmo. Pelos pensamentos dominantes que se permite permanecer na mente consciente (sejam negativos ou positivos, tanto faz), a autossugestão chega voluntariamente à mente subconsciente e a influencia.

A natureza fez o ser humano de tal maneira que ele tem controle absoluto sobre o material que chega à mente subconsciente pelos cinco sentidos, embora isso não queira dizer que os humanos sempre exerçam tal controle. Na grande maioria dos casos, não o exercem, o que explica por que tanta gente passa a vida na pobreza.

A autossugestão é o agente de controle com que um indivíduo pode voluntariamente alimentar seu subconsciente com pensamentos de natureza criativa ou, por negligência, permitir que pensamentos de natureza destrutiva encontrem seu caminho até o rico jardim da mente.

Você foi instruído, na última das seis etapas apresentadas no capítulo sobre o desejo, a ler em voz alta, duas vezes ao dia, a declaração de seu desejo por dinheiro e a se ver e sentir já de posse do dinheiro. Seguindo essas instruções, você comunica o objeto de seu desejo ao subconsciente em espírito de fé absoluta. Você voluntariamente cria hábitos de pensamento favoráveis a seus esforços para transmutar o desejo em seu equivalente monetário.

Ao ler em voz alta a declaração de seu desejo (com a qual você trabalha para desenvolver consciência do dinheiro), lembre-se de que a mera leitura das palavras não tem consequência a menos que você adicione emoções ou sentimentos. Se você repetir um milhão de vezes a famosa fórmula de Emil Coué, "dia após dia, em todos os sentidos, fico cada vez melhor", sem misturar emoção e fé às palavras, você não obterá os resultados desejados. Sua mente subconsciente reconhece e age apenas sobre pensamentos bem misturados a emoção ou sentimento.

Não desanime se não conseguir controlar e dirigir as emoções na primeira vez que tentar fazê-lo. Lembre-se de que não existe a possibilidade de algo a troco de nada. A capacidade de alcançar e influenciar a mente subconsciente tem seu preço, e você deve pagar tal preço. Você não pode trapacear, mesmo que deseje. O preço da capacidade de influenciar a mente subconsciente é a eterna persistência na aplicação dos princípios aqui descritos. Você não pode desenvolver a capacidade desejada por um preço mais baixo. Você, e só você, deve decidir se a recompensa pela qual está se esforçando (a consciência do dinheiro) vale o preço que deve pagar por ela em esforço.

A capacidade de aplicar o princípio da autossugestão vai depender em grande parte da capacidade de se concentrar em determinado desejo até que este se torne uma obsessão ardente. Quando você começar a executar as instruções das seis etapas descritas no capítulo 2, será necessário fazer uso da concentração. A seguir, oferecemos sugestões para o uso efetivo da concentração.

Quando começar a executar a primeira das seis etapas – fixar em sua mente a quantidade exata de dinheiro que deseja –, mantenha o pensamento concentrado na quantia, com a atenção fixa, de olhos fechados, até conseguir realmente visualizar a aparência física do dinheiro. Faça isso pelo menos uma vez por dia. Ao fazer esses exercícios, siga as instruções dadas no capítulo sobre fé e se veja de posse do dinheiro.

Um fato da maior importância é o seguinte: a mente

subconsciente aceita qualquer ordem dada em espírito de fé absoluta e age de acordo, embora as ordens devam ser apresentadas repetidas vezes antes de serem interpretadas pelo subconsciente. Dito isso, considere a possibilidade de aplicar um golpe perfeitamente legítimo em seu subconsciente, fazendo-o acreditar, porque você acredita, que você deve ter a quantidade de dinheiro que está visualizando, que esse dinheiro já está aguardando sua reinvindicação, que o subconsciente deve apresentar planos práticos para você adquirir o dinheiro que é seu.

Apresente o pensamento sugerido no parágrafo anterior à sua imaginação e veja o que ela vai fazer para criar planos práticos para a acumulação de dinheiro e a transmutação de seu desejo. Não espere até ter um plano definido pelo qual pretenda trocar serviços ou mercadorias pelo dinheiro que visualiza – comece a se ver de posse do dinheiro imediatamente, exigindo e esperando que o subconsciente apresente o plano ou os planos de que você precisa. Fique alerta à espera dos planos e, quando aparecerem, coloque-os em ação imediatamente. Quando os planos aparecerem, provavelmente entrarão em sua mente via sexto sentido, na forma de uma "inspiração". Essa inspiração pode ser considerada um telegrama ou uma mensagem direta da Inteligência Infinita. Trate-a com respeito e aja logo que a receber. Não fazer isso será fatal para o seu sucesso.

Na quarta das seis etapas, você foi instruído a criar um plano definido para realizar seu desejo e começar a colocar esse plano em ação imediatamente. Você deve seguir essa instrução conforme descrito no parágrafo anterior. Não confie na sua razão ao criar o plano para acumular dinheiro mediante a transmutação do desejo. Sua razão é falha. Além disso, sua faculdade de raciocínio pode ser preguiçosa, e, caso dependa inteiramente dela, você pode se decepcionar.

Ao visualizar (de olhos fechados) o dinheiro que pretende acumular, veja-se prestando o serviço ou entregando a mercadoria que pretende dar em troca do dinheiro.

As instruções fornecidas nas seis etapas do capítulo 2 estão resumidas e combinadas com os princípios abordados neste capítulo da seguinte maneira:

- Vá para algum lugar sossegado (de preferência sua cama à noite) onde não seja perturbado ou interrompido, feche os olhos e repita em voz alta (de modo que possa ouvir suas palavras) a declaração escrita da quantia que pretende acumular, o prazo para a acumulação e a descrição do serviço ou mercadoria que pretende oferecer em troca do dinheiro. Ao seguir essas instruções, veja-se já de posse do dinheiro. Suponha que pretenda acumular US$ 50 mil até 1º de janeiro, daqui a cinco anos, prestando serviços pessoais em troca do dinheiro, atuando como vendedor. Sua declaração escrita do objetivo deve ser algo na seguinte linha:

  No dia 1º de janeiro de ____, estarei de posse de US$ 50 mil, que chegarão a mim em várias quantias de tempos em tempos durante o período. Em troca *desse dinheiro, prestarei o serviço mais eficiente de que sou capaz, oferecendo a maior quantidade e a melhor qualidade possíveis de serviço na função de vendedor de ____ (descreva o serviço ou a mercadoria que pretende vender). Acredito que terei esse dinheiro em minha posse. Minha fé é tão forte que já posso ver o dinheiro diante dos meus olhos. Posso tocá-lo com as mãos. Ele está aguardando ser transferido para mim no momento e na proporção em que presto o serviço que pretendo oferecer em troca dele. Estou aguardando um plano pelo qual acumular esse dinheiro e seguirei esse plano quando o receber.*

- Repita esse programa à noite e pela manhã até ver (em sua imaginação) o dinheiro que pretende acumular.
- Coloque uma cópia da declaração onde possa vê-la à noite e pela manhã; leia o texto imediatamente antes de se recolher e após se levantar até memorizá-lo.

Ao seguir essas instruções, lembre-se de que você está aplicando o princípio da autossugestão a fim de dar ordens ao subconsciente. Lembre-se também de que seu subconsciente agirá apenas mediante instruções carregadas de emoção e apresentadas a ele com sentimento. A fé é a mais forte e a mais produtiva das emoções. Siga as instruções fornecidas no capítulo sobre fé.

De início, essas instruções podem parecer abstratas. Não se deixe perturbar por isso. Siga as instruções por mais abstratas ou impraticáveis que possam parecer à primeira vista. Se fizer conforme o instruído, tanto em espírito quanto em ação, logo chegará o tempo em que um novo universo de poder se abrirá para você.

Ceticismo em relação a todas as novas ideias é uma característica de todos os seres humanos. Contudo, se seguir as instruções descritas, seu ceticismo será em breve substituído pela crença, e esta, por sua vez, logo se cristalizará em fé absoluta. Aí você chegará ao ponto em que poderá realmente dizer: "Sou senhor do meu destino, sou capitão da minha alma".

Muitos filósofos afirmaram que o homem é mestre do próprio destino terrestre, mas a maioria deles falhou em dizer por quê. A razão pela qual o homem pode ser mestre do próprio *status* terreno, especialmente de seu *status* financeiro, foi explicada em detalhes neste capítulo. O homem pode se tornar mestre de si mesmo e de seu ambiente porque tem o poder de influenciar o próprio subconsciente e por intermédio deste obter a cooperação da Inteligência Infinita.

Você está lendo o capítulo que representa a pedra angular desta filosofia. As instruções aqui contidas devem ser entendidas e aplicadas de modo persistente para você ter êxito em transmutar seu desejo em dinheiro.

A transmutação de desejo em dinheiro envolve o uso da autossugestão como meio de alcançar e influenciar a mente subconsciente. Os outros princípios são apenas ferramentas para aplicar a autossugestão. Mantenha esse pensamento em mente para estar sempre consciente do importante papel da autossugestão no esforço para acumular dinheiro conforme os métodos descritos neste livro.

Capítulo 4

CONHECIMENTO ESPECIALIZADO

EXPERIÊNCIAS OU OBSERVAÇÕES PESSOAIS

Quarto passo rumo à riqueza

Existem dois tipos de conhecimento. Um é geral, o outro é especializado. O conhecimento geral, por maior que seja a quantidade ou variedade, é de pouca utilidade na acumulação de dinheiro.

O conhecimento não atrairá dinheiro a menos que organizado e direcionado de modo inteligente por planos de ação visando à finalidade definida da acumulação de dinheiro. A falta de compreensão desse fato é motivo de confusão para milhões de pessoas que acreditam falsamente que conhecimento é poder. Nada disso!

Conhecimento é apenas poder potencial. Só se torna poder quando e se organizado em planos de ação definidos, direcionados para um fim definido. Esse elo perdido em todos os sistemas de ensino conhecidos pela civilização atual pode ser verificado pelo fracasso das instituições educacionais em ensinar aos alunos como organizar e usar o conhecimento após adquiri-lo.

Antes que possa ter certeza de sua capacidade de transmutar seu desejo no equivalente monetário, você precisará de conhecimento especializado sobre o serviço, mercadoria ou profissão que pretende oferecer em troca de fortuna. Talvez precise de um conhecimento muito mais especializado do que tem capacidade ou disposição para adquirir; se for esse o caso, você pode superar sua fraqueza com a ajuda de seu grupo de MasterMind.

A acumulação de grandes fortunas exige poder, e poder é adquirido mediante conhecimento especializado altamente organizado e direcionado de modo inteligente, mas tal conhecimento não precisa necessariamente estar na posse de quem acumula a fortuna. Esta última frase deve proporcionar esperança e encorajamento ao indivíduo com ambição de acumular fortuna, mas que não dispõe de educação necessária para o conhecimento especializado que possa ser exigido.

Às vezes, as pessoas passam a vida sofrendo de complexo de inferioridade por não serem "educadas". A pessoa que consegue organizar e dirigir uma aliança de MasterMind cujos membros têm conhecimento útil para a acumulação de dinheiro é tão educada quanto qualquer um do grupo. Lembre-se disso caso você sofra de sentimento de inferioridade por sua escolaridade limitada.

Antes de tudo, decida o tipo de conhecimento especializado exigido e o objetivo para o qual é necessário. Em grande medida, seu principal objetivo na vida, a meta para a qual você trabalha, ajudará a determinar qual conhecimento é necessário. Com essa questão resolvida, o próximo passo é obter informações precisas de fontes de conhecimento confiáveis. As mais importantes são:

- Experiência e educação próprias;
- Experiência e educação disponíveis mediante a cooperação de outros (aliança de MasterMind);
- Faculdades e universidades;
- Bibliotecas públicas (que dispõem de livros e periódicos nos quais se encontra todo o conhecimento organizado pela civilização);
- Cursos de treinamento especiais (principalmente escolas noturnas e estudo em casa).

À medida que o conhecimento é adquirido, deve ser organizado e colocado em uso para uma finalidade definida por meio de planos práticos. Conhecimento não tem valor, exceto o conhecimento que pode ser obtido visando a sua aplicação para um fim digno.

Se você pensa em estudar mais, primeiro determine o objetivo para o qual deseja o conhecimento, depois descubra onde esse tipo específico de conhecimento pode ser obtido de fontes confiáveis. Em todas as ocupações, as pessoas de sucesso jamais param de adquirir conhecimento especializado referente a seu objetivo, negócio ou atividade principal.

Quem não obtém sucesso geralmente comete o erro de acreditar que o período de aquisição de conhecimento termina quando se conclui a escola. A verdade é que o ensino escolar pouco faz além de nos colocar no caminho de aprender a adquirir conhecimento prático.

Existe uma fraqueza para a qual não há remédio. É a fraqueza universal da falta de ambição. Quem usa o tempo livre para estudar em casa – especialmente o indivíduo assalariado – raramente fica por baixo por muito tempo. Sua ação abre o caminho para a ascensão, remove muitos obstáculos e atrai o interesse favorável daqueles que têm o poder de colocá-lo no caminho da oportunidade.

O método de estudo em casa é especialmente adequado às necessidades de trabalhadores que descobrem, após deixar a escola, que precisam adquirir conhecimentos especializados adicionais, mas não podem dedicar tempo para voltar à escola.

A pessoa que para de estudar apenas porque conclui o ensino escolar está irremediavelmente condenada à eterna mediocridade, não importando qual seja a sua vocação. O caminho do sucesso é o caminho da busca contínua de conhecimento.

Capítulo 5

IMAGINAÇÃO

A OFICINA DA MENTE

Quinto passo rumo à riqueza

A imaginação é a oficina onde são moldados todos os planos criados pelo homem. Dizem que o homem pode criar qualquer coisa que consiga imaginar. De todas as eras da civilização, esta é a mais favorável para o desenvolvimento da imaginação, porque é uma época de mudanças rápidas. Por toda parte podemos entrar em contato com estímulos que desenvolvem a imaginação.

A faculdade imaginativa funciona de duas formas. Uma é conhecida como "imaginação sintética", a outra, como "imaginação criativa".

- *Imaginação sintética*: por meio dessa faculdade é possível organizar conceitos, ideias ou planos antigos em novas combinações. Essa faculdade não cria nada. Simplesmente trabalha com o material da experiência, educação e observação com as quais é alimentada. É a faculdade mais usada pelos inventores, com exceção do "gênio", que recorre à imaginação criativa quando não consegue resolver um problema com o uso da imaginação sintética.
- *Imaginação criativa*: por meio dessa faculdade a mente finita do homem tem comunicação direta com a Inteligência Infinita. É a faculdade com a qual se recebem "palpites" e "inspirações". É por meio dessa faculdade que todas as ideias básicas ou novas são entregues ao homem. É com essa faculdade que as vibrações de pensamento das outras pessoas são re-

cebidas e que um indivíduo pode sintonizar ou se comunicar com o subconsciente de outrem.

A imaginação criativa só funciona quando a mente consciente vibra a uma velocidade extremamente rápida; por exemplo, quando o consciente é estimulado pela emoção de um forte desejo. Os grandes líderes de negócios, indústrias e finanças e os grandes artistas, músicos, poetas e escritores se tornaram grandes porque desenvolveram a faculdade da imaginação criativa. As faculdades sintética e criativa da imaginação ficam mais alertas com o uso, da mesma forma que qualquer músculo ou órgão do corpo se desenvolve mediante o uso.

Desejo é apenas um pensamento, um impulso. É nebuloso e efêmero. É abstrato e sem valor até ser transformado em sua contraparte física. Embora a imaginação sintética seja usada com mais frequência, você deve ter em mente que, no processo de transformar o desejo em dinheiro, poderá enfrentar circunstâncias e situações que exijam também o uso da imaginação criativa.

Sua faculdade imaginativa pode ter se tornado fraca por inação. Mas pode ser reavivada e manter-se alerta com o uso. De momento centralize sua atenção no desenvolvimento da imaginação sintética, pois é a que você usará com mais frequência no processo de converter desejo em dinheiro.

Não há um preço padrão para ideias. O criador de ideias faz o próprio preço e, se é esperto, recebe o que pede.

Ideias são assim: primeiro você dá vida, ação e orientação a elas, depois as ideias assumem o poder e varrem toda a oposição.

Capítulo 6

PLANEJAMENTO ORGANIZADO

A CRISTALIZAÇÃO DO DESEJO EM AÇÃO

Sexto passo para a à riqueza

Agora você vai aprender como criar planos práticos:

- Alie-se a um grupo de tantas pessoas quantas sejam necessárias para a criação e execução de seu plano ou planos de acumulação de dinheiro usando o princípio do MasterMind descrito em um capítulo mais adiante.
- Antes de formar sua aliança de MasterMind, decida quais vantagens e benefícios você pode oferecer aos

membros do grupo em troca da cooperação. Nenhuma pessoa inteligente solicita ou espera que outra trabalhe sem remuneração adequada, ainda que nem sempre a compensação seja em forma de dinheiro.

- Organize reuniões do grupo de MasterMind pelo menos duas vezes por semana, e com maior frequência se possível, até que vocês aperfeiçoem o plano ou planos necessários para a acumulação de dinheiro
- Mantenha perfeita harmonia entre você e todos os membros do grupo de MasterMind. O MasterMind não pode existir onde a perfeita harmonia não prevalece.

Lembre-se do seguinte:

- Você está envolvido em um empreendimento de grande importância para você. Para ter certeza do sucesso, deve ter planos impecáveis.
- Você deve ter a vantagem da experiência, educação, aptidão natural e imaginação de outras mentes. Isso é feito por todos os que acumulam grandes fortunas.

Nenhum indivíduo tem experiência, educação, aptidão natural e conhecimento suficientes para garantir o acúmulo de grande fortuna sem a cooperação de outros. Todo plano para acumular riqueza deve ser uma criação conjunta dos membros do grupo de MasterMind. Você pode criar os próprios planos no todo ou em parte, mas certifique-se de que sejam verificados e aprovados pelos membros da sua aliança de MasterMind.

Se o primeiro plano que você adotar não for bem-sucedido, substitua-o por um novo; se o novo plano falhar, substitua-o por outro, e assim por diante até encontrar um plano que funcione. Lembre-se de que, quando os planos falham, a derrota temporária não é um fracasso permanente. Pode significar apenas que sos planos não eram sólidos. Monte outros planos e recomece.

Derrota temporária deve significar apenas uma coisa: o conhecimento de que há algo de errado com seu plano. Milhões de homens passam a vida na miséria e na pobreza porque não têm um plano sólido para acumular fortuna.

Ninguém jamais está acabado até desistir na própria mente.

Se você desiste antes de o objetivo ser alcançado, você é um desistente. Um desistente nunca vence – e um vencedor nunca desiste. Escreva essa frase em letras graúdas e a coloque onde enxergue todas as noites antes de dormir e todas as manhãs antes de ir trabalhar.

Em termos gerais, existem dois tipos de pessoas no mundo. Um tipo é conhecido como líder, e o outro, como seguidor. Decida se você pretende se tornar um líder em seu trabalho ou permanecer um seguidor. A diferença de remuneração é enorme.

Não é desgraça ser um seguidor. Por outro lado, não há mérito em permanecer um seguidor. A maioria dos grandes líderes começou como seguidor. Tornaram-se grandes líderes porque eram seguidores inteligentes. Um seguidor inteligente tem muitas vantagens, entre elas a oportunidade de adquirir conhecimento do líder.

Os seguintes fatores são importantes na liderança:

- *Coragem inabalável,* baseada no conhecimento de si

mesmo e de sua ocupação. Nenhum seguidor deseja um líder que carece de autoconfiança e coragem.

- *Autocontrole.* O homem que não consegue se controlar jamais poderá controlar os outros.
- *Senso de justiça aguçado.* Sem isso nenhum líder pode comandar e conservar o respeito de seus seguidores.
- *Firmeza de decisão.* O homem que hesita mostra que não se garante. Não pode liderar outros com sucesso.
- *Definição de planos.* O líder deve planejar seu trabalho e trabalhar conforme seu plano.
- *Hábito de fazer mais do que é pago para fazer.* O líder deve estar disposto a fazer mais do que aquilo que exige de seus seguidores.
- *Personalidade agradável.* Os seguidores não vão respeitar um líder que não tenha personalidade agradável.
- *Simpatia e compreensão.* O líder deve ser compreensivo com seus seguidores, entendê-los e a seus problemas.
- *Domínio dos detalhes.* Liderança exige domínio dos detalhes da posição de líder.

- *Disposição para assumir plena responsabilidade.* Se um seguidor erra ou se mostra incompetente, o líder deve considerar que foi ele quem falhou.
- *Cooperação.* O líder deve ser cooperativo e induzir os seguidores a fazer o mesmo. Liderança exige poder, e poder exige cooperação.

Existem duas formas de liderança.A liderança por consenso dos seguidores é a única que pode durar. Os homens podem seguir temporariamente a liderança forçada, mas não o farão de bom grado.

Vejamos agora as principais falhas de liderança, porque é tão essencial saber o que fazer quanto o que não fazer:

- *Incapacidade de organizar detalhes.* Nenhum líder está ocupado demais para fazer qualquer coisa que seja exigida de sua condição de líder. O líder deve ser o mestre de todos os detalhes relacionados com sua posição e delegar detalhes a assessores capazes.
- *Incapacidade de prestar serviço humilde.* Quando a

ocasião exige, líderes se dispõem a fazer qualquer tipo de trabalho que pediriam a outrem para realizar.

- *Expectativa de pagamento pelo que sabe em vez de pelo que faz com o que sabe.* O mundo não paga aos homens pelo que eles sabem. Paga pelo que eles fazem ou induzem outros a fazer.
- *Medo da competição dos seguidores.* É quase certo que o líder que teme que um seguidor possa tomar sua posição vai ver esse medo se concretizar. O líder treina substitutos a quem delega tarefas. Só assim pode dar atenção a muitas coisas ao mesmo tempo.
- *Falta de imaginação.* Sem imaginação, o líder é incapaz de enfrentar emergências e criar planos.
- *Egoísmo.* O líder que reivindica a honra pelo trabalho dos seguidores vai deparar com ressentimento. O líder se contenta em ver as honras irem para seus seguidores porque sabe que a maioria trabalhará mais por elogios e reconhecimento do que por dinheiro apenas.
- *Intemperança.* Os seguidores não respeitam um líder

desregrado. Além disso, a intemperança destrói a resistência e a vitalidade de todos os que se entregam a ela.

- *Deslealdade.* O líder que não é leal aos que estão acima e abaixo dele não consegue manter sua liderança por muito tempo.
- *Ênfase na autoridade.* O líder que tenta impressionar os seguidores com sua autoridade entra na categoria de liderança pela força. O líder não precisa divulgar que é líder a não ser por sua conduta – sua simpatia, compreensão, justiça e a demonstração de que conhece seu trabalho.
- *Ênfase no título.* O líder não precisa de um título para garantir o respeito dos seguidores. O homem que dá muito valor a seu título geralmente tem pouca coisa além disso para enfatizar. As portas do escritório do líder estão abertas a todos que desejem entrar, e seu local de trabalho é livre de formalidade ou ostentação.

As informações aqui fornecidas são o resultado de muitos anos de experiência durante os quais milhares de homens e mulheres foram ajudados a comercializar seus serviços de modo efetivo. São, portanto, sólidas e práticas. Ajudei meus clientes a preparar currículos tão impressionantes e fora do comum que resultaram na contratação sem entrevista pessoal.

As seguintes informações devem constar no currículo:

- Escolaridade. Declare de forma breve e clara seu grau de escolaridade, em quais disciplinas se especializou e os motivos para a especialização.
- Experiência. Se você tem experiência em cargos semelhantes ao que procura, descreva por completo, coloque nome e endereço de ex-empregadores. Destaque qualquer experiência especial que o habilite a preencher a vaga que procura.
- Referências. Anexe ao currículo cópias das cartas de ex-empregadores, professores com quem você estudou, pessoas proeminentes cujo julgamento seja confiável.
- Fotografia. Anexe ao currículo uma foto sua recente.
- Candidate-se a um cargo específico. Nunca solicite

apenas uma vaga. Isso indica que você não tem qualificações especializadas.

- Indique suas qualificações para o cargo ao qual está se candidatando. Dê detalhes sobre o motivo pelo qual acredita estar qualificado para a posição que procura.
- Ofereça-se para um período de teste por uma semana, um mês ou o tempo suficiente para que seu possível empregador julgue seu valor sem pagar. Essa oferta indica que você confia em sua capacidade de preencher a vaga que busca. Caso sua oferta seja aceita e você se saia bem, é mais provável que seja pago pelo período de estágio.
- Conhecimento dos negócios de seu possível empregador. Faça uma boa pesquisa sobre a empresa para se familiarizar e indique no currículo o conhecimento adquirido sobre o assunto. Isso indicará que você tem interesse verdadeiro pelo cargo que busca.

Lembre-se de que capricho na preparação de seu currículo indicará que você é uma pessoa meticulosa. Seu currículo é seu vendedor. Dê-lhe uma boa roupa para que se destaque em contraste com qualquer coisa que seu possível empregador já tenha visto. Se a posição que você busca é algo que vale a pena ter, vale a pena ir atrás com cuidado.

Todo mundo gosta de fazer o tipo de trabalho para o qual é mais talhado. Sendo assim:

- Decida exatamente que tipo de trabalho deseja. Se o trabalho ainda não existe, talvez você possa criá-lo.
- Escolha para quem deseja trabalhar.
- Estude seu possível empregador em termos de políticas, equipe e chances de crescimento.
- Defina o que você pode oferecer em vantagens, serviços, desenvolvimento, ideias que possa executar.
- Esqueça a ideia do "tem um emprego para mim?". Concentre-se no que pode dar.
- Depois de formular um plano, coloque-o no papel.
- Apresente o plano à autoridade adequada. Toda empresa procura pessoas que possam dar algo de valor, sejam ideias, serviços ou conexões. Toda empresa tem

espaço para quem tem um plano de ação definido que seja vantajoso para ela.

Essa linha de ação pode requerer alguns dias ou semanas de tempo extra, mas a diferença de renda, crescimento e conquista de reconhecimento economizará anos de trabalho duro com pouco pagamento. Toda pessoa que começa a subida ou entra na metade da escada faz isso com um planejamento deliberado e cuidadoso (exceto, é claro, o filho do chefe).

Cortesia e serviço são as palavras de ordem do comércio de hoje e se aplicam de modo direto à pessoa que comercializa serviços pessoais. Toda pessoa deve ser a própria vendedora de seus serviços pessoais. A qualidade e a quantidade de serviço prestado e o espírito com que é prestado determinam em grande medida o valor e a duração do emprego.

Para comercializar efetivamente serviços pessoais (o que significa um mercado permanente a preço satisfatório e sob condições agradáveis), é preciso adotar e seguir a fórmula QQE – qualidade, quantidade e espírito de cooperação adequado. Vamos analisar a fórmula:

- *Qualidade do serviço* refere-se ao cumprimento de todos os detalhes relacionados ao cargo tendo sempre em mente o objetivo da maior eficiência.
- *Quantidade de serviço* deve ser entendida como o hábito de prestar todo o serviço de que se é capaz, o tempo todo, com o objetivo de aumentar a quantidade de serviço prestado à medida que se desenvolve mais habilidade em virtude da prática e da experiência.
- *Espírito de serviço* significa o hábito da conduta agradável e harmoniosa que induzirá a cooperação de associados e colegas de trabalho.

Qualidade e quantidade de serviço adequadas não bastam para manter um mercado permanente para seus serviços. A atitude ou o espírito com que você presta serviço é um fator determinante do pagamento que você recebe e da duração do emprego.

A importância da personalidade agradável é enfatizada por ser o fator que permite prestar serviço no espírito adequado. Se alguém tem personalidade agradável e presta serviço em espírito de harmonia, esses ativos costumam compensar deficiências tanto na qualidade quanto na quantidade do serviço. Nada, no entanto, substitui com sucesso a conduta agradável.

Tive o privilégio de analisar milhares de homens e mulheres, 98% dos quais classificados como fracassos. Há algo de radicalmente errado em uma civilização e um sistema educacional que permitem que 98% das pessoas passem a vida como fracassadas. Todavia, não escrevi este livro com o objetivo de dar lições de moral sobre os acertos e os erros do mundo; isso exigiria um livro cem vezes maior que este.

Minha análise comprovou que existem trinta motivos principais para o fracasso. Ao examinar a lista a seguir, verifique ponto por ponto a fim de descobrir quantas dessas causas de fracasso estão entre você e o sucesso:

- *Base hereditária desfavorável.* Pouco ou nada pode ser feito no caso de pessoas que nascem com um cérebro desprovido de poder. Esta filosofia oferece apenas um método para superar tal fraqueza – o auxílio do MasterMind. Observe que essa é a única das trinta causas de fracasso que pode não ser facilmente corrigida.
- *Falta de um objetivo bem definido na vida.* Não há esperança de sucesso para quem não tem um objetivo. De cada cem pessoas que analisei, 98 não tinham tal objetivo. Talvez fosse essa a principal causa do fracasso.
- *Falta de ambição para ir além da mediocridade.* Não oferecemos esperança a quem não quer avançar na vida e não está disposto a pagar o preço do sucesso.
- *Educação insuficiente.* Essa desvantagem pode ser superada com relativa facilidade. Educação consiste não tanto em conhecimento, mas em conhecimento aplicado de forma eficaz e persistente. Os homens são pagos não apenas pelo que sabem, mas mais especificamente pelo que fazem com o que sabem.

- *Falta de autodisciplina.* Antes de poder controlar as condições, você deve primeiro se controlar.
- *Problemas de saúde.* Muitas causas de problemas de saúde estão sujeitas a domínio e controle. As principais são: (a) excesso de alimentos desfavoráveis à saúde, (b) maus hábitos de pensamento, manifestando negatividade, (c) uso incorreto e excessivo do sexo, (d) falta de exercício físico, (e) suprimento inadequado de ar fresco devido à má respiração.
- *Influências ambientais desfavoráveis durante a infância.* A maioria dos indivíduos com propensão para o crime adquire tal tendência como resultado de um ambiente ruim e de companhias impróprias na infância.
- *Procrastinação.* Não espere. Comece de onde está e trabalhe com as ferramentas que tiver. Melhores ferramentas serão encontradas à medida que você avançar.
- *Falta de persistência.* Muitos são bons em começar, mas ruins em finalizar o que começam. Além disso, tendem a desistir aos primeiros sinais de derrota.

Quem faz da persistência sua palavra de ordem descobre que o fracasso acaba se cansando e vai embora.

- *Personalidade negativa.* O sucesso advém da aplicação de poder, e poder é obtido mediante os esforços cooperativos de outrem. Uma personalidade negativa não induzirá cooperação.
- *Falta de controle do impulso sexual.* A energia sexual é o mais poderoso de todos os estímulos. Deve ser controlada e direcionada para outros canais.
- *Desejo descontrolado por algo a troco de nada.* O instinto apostador leva milhões de pessoas ao fracasso.
- *Ausência de poder de decisão firme.* Aqueles que obtêm sucesso tomam decisões prontamente e as alteram, se é que o fazem, muito lentamente. Aqueles que fracassam tomam decisões muito lentamente, se é que o fazem, e as alteram com frequência e rapidez. Indecisão e procrastinação são irmãs gêmeas.
- *Um ou mais dos seis medos básicos.* Esses medos serão abordados em um capítulo a seguir. Devem ser

dominados antes que você possa comercializar seus serviços com eficiência.

- *Escolha do cônjuge errado.* A menos que o relacionamento seja harmonioso, é provável que sobrevenham fracasso, miséria e infelicidade, destruindo a ambição.
- *Excesso de cautela.* Quem não se arrisca tem que pegar o que sobra depois de os outros terem feito suas escolhas. Cautela demais é tão ruim quanto cautela de menos.
- *Escolha do sócio errado.* No comércio de serviços pessoais, deve-se selecionar um empregador que seja uma inspiração, inteligente e bem-sucedido. Escolha um empregador que valha a pena imitar.
- *Superstição e preconceito.* Homens de sucesso mantêm a mente aberta e não têm medo de nada.
- *Escolha da vocação errada.* Ninguém pode ter sucesso em uma atividade de que não goste. O passo essencial no comércio de serviços pessoais é selecionar uma ocupação na qual você possa se jogar de todo o coração.
- *Ausência de concentração de esforço.* O faz-tudo rara-

mente é bom em alguma coisa. Concentre todo o esforço em um objetivo principal definido.

- *Hábito de gastar indiscriminadamente.* Crie o hábito de economizar, reservando uma porcentagem definida de sua renda. Dinheiro no banco oferece coragem na hora de negociar a venda de serviços pessoais. Sem dinheiro é preciso pegar o que é oferecido.
- *Falta de entusiasmo.* Sem entusiasmo, não se consegue ser convincente. Além disso, o entusiasmo é contagioso, e a pessoa que o tem sob controle geralmente é bem-vinda em qualquer grupo.
- *Intolerância.* A pessoa com a mente fechada sobre qualquer assunto raramente progride. Intolerância significa parar de adquirir conhecimento. As formas mais prejudiciais de intolerância estão relacionadas com diferenças de opinião religiosa, racial e política.
- *Intemperança.* As formas mais prejudiciais de intemperança estão relacionadas com comida, bebida e sexo. O excesso em qualquer um é fatal para o sucesso.

- *Incapacidade de cooperar com os outros.* É uma falha que nenhum empresário ou líder inteligente irá tolerar.
- *Poder não adquirido pelo esforço.* (Herdeiros.) Poder nas mãos de quem não o adquiriu aos poucos com frequência é fatal para o sucesso.
- *Desonestidade intencional.* Não há esperança para quem é desonesto por escolha. Mais cedo ou mais tarde haverá o rebote, e o indivíduo pagará com a perda de reputação e talvez até a perda da liberdade.
- *Egotismo e vaidade.* Essas qualidades servem como luzes vermelhas que alertam os outros para se afastar.
- *Supor em vez de pensar.* A maioria é indiferente ou preguiçosa demais para adquirir fatos com os quais pensar com precisão. Prefere agir de acordo com opiniões criadas por palpites ou julgamentos rápidos.
- *Falta de capital.* Causa comum de fracasso entre os que começam um negócio sem reserva de capital suficiente para absorver o choque de seus erros e mantê-los até que estabeleçam uma reputação.

- Coloque aqui qualquer causa específica de fracasso que você tenha sofrido e que não esteja na lista.

Essas trinta principais causas do fracasso descrevem a tragédia de praticamente toda pessoa que tenta e fracassa. Será útil você pedir a alguém que o conhece bem para analisá-lo em termos das trinta causas de fracasso. A maioria das pessoas não consegue se ver como os outros as veem.

A mais antiga das advertências é "Conheça a si mesmo". Se você comercializa mercadorias com sucesso, deve conhecê-las. O mesmo acontece no comércio de serviços pessoais.

Você deve conhecer todas as suas fraquezas para poder superá-las ou eliminá-las por completo. Deve conhecer seus pontos fortes para poder chamar a atenção para eles ao vender seus serviços. Você só pode se conhecer por meio de análise precisa.

Antes de começar a negociar um reajuste de salário no cargo atual ou procurar emprego em outro lugar, tenha certeza de que você vale mais do que está ganhando. Uma coisa é querer mais dinheiro – todo mundo quer –, outra coisa completamente diferente é valer mais. Muita gente confunde aquilo que quer com aquilo a que tem direito. Seu querer ou suas exigências financeiras não têm nada a ver com o seu valor. Seu valor é estabelecido inteiramente por sua capacidade de prestar serviço útil ou de induzir outras pessoas a prestar tal serviço.

A autoanálise anual é essencial para o comércio eficaz de serviços pessoais. A pessoa segue em frente, fica parada ou retrocede na vida. A autoanálise anual revelará se houve progresso e, em caso afirmativo, quanto. Também revelará quaisquer retrocessos que possam ter ocorrido. O comércio eficaz de serviços pessoais exige que se avance, mesmo que o progresso seja lento.

A autoanálise deve ser feita no final de cada ano para que você possa incluir nas resoluções de ano-novo quaisquer melhorias que devam ser feitas. Realize o inventário fazendo as perguntas a seguir e conferindo as respostas com a ajuda de alguém que não permita que você se engane.

QUESTIONÁRIO DE AUTOANÁLISE

- Atingi a meta que estabeleci para esse ano? (Você deve trabalhar com um objetivo anual definido a ser alcançado como parte do objetivo principal de vida.)
- Prestei serviço da melhor qualidade possível ou poderia ter melhorado alguma parte do serviço?
- Prestei serviço na maior quantidade que eu era capaz?
- Meu espírito de conduta foi harmonioso e cooperativo o tempo todo?
- Permiti que o hábito da procrastinação diminuísse minha eficiência? Em caso afirmativo, em que medida?
- Melhorei minha personalidade? Em caso afirmativo, de que maneiras?
- Fui persistente em seguir meus planos até a conclusão?
- Tomei decisões com rapidez e firmeza em todas as ocasiões?
- Permiti que um ou mais dos seis medos básicos diminuíssem minha eficiência?
- Fui cauteloso demais ou de menos?

- Meu relacionamento com meus colegas de trabalho foi agradável ou desagradável? Se foi desagradável, a falha foi parcial ou totalmente minha?
- Dissipei qualquer quantidade da minha energia por falta de concentração de esforço?
- Mantive a mente aberta e tolerante em todos os temas?
- Como melhorei minha capacidade de prestar serviço?
- Fui destemperado em algum dos meus hábitos?
- Expressei aberta ou secretamente qualquer forma de egotismo?
- Minha conduta em relação a meus associados foi tal que os levou a me respeitar?
- Minhas opiniões e decisões foram baseadas em suposições ou em pensamento e análise acurada?
- Segui o hábito de orçar meu tempo, minhas despesas e minha renda e fui conservador nos orçamentos?
- Quanto tempo dediquei a esforço não lucrativo que eu poderia ter usado para obter mais vantagem?
- Como posso reorganizar meu tempo e mudar meus

hábitos para ser mais eficiente no ano que vem?

- Fui culpado de alguma conduta que não foi aprovada por minha consciência?
- De que maneira prestei mais e melhor serviço do que fui pago para prestar?
- Fui injusto com alguém? Em caso afirmativo, de que maneira?
- Se tivesse comprado meus serviços durante o ano, ficaria satisfeito com a compra?
- Estou na vocação correta? Caso não, por quê?
- O comprador dos meus serviços ficou sfdtisfeito com o serviço que prestei? Caso não, por quê?
- Qual minha classificação atual nos princípios fundamentais do sucesso? (Faça essa classificação de maneira honesta e franca e confira com alguém corajoso o suficiente para ser acurado.)

Tendo lido e assimilado as informações transmitidas neste capítulo, você está pronto para criar um plano prático para comercializar seus serviços pessoais.

Essas informações detalhadas são necessárias para todos que devem começar o acúmulo de riquezas pelo comércio de serviços pessoais. Também serão de grande valor para todos os que aspiram alcançar a liderança em qualquer atividade. Sua completa assimilação e compreensão ajudarão a tornar o leitor mais analítico e apto a julgar pessoas.

Capítulo 7

DECISÃO

O DOMÍNIO DA PROCRASTINAÇÃO

O sétimo passo para a riqueza

A análise de várias centenas de pessoas que acumularam fortunas revelou que todas elas tinham o hábito de tomar decisões prontamente e mudar essas decisões lentamente – se e quando mudavam. Pessoas que não conseguem acumular dinheiro têm, sem exceção, o hábito de tomar decisões muito lentamente – quando as tomam – e de mudar essas decisões com frequência e rapidamente.

A maioria das pessoas que deixam de acumular dinheiro suficiente para suas necessidades é, em geral, facilmente influenciada pela opinião alheia. Permitem que jornais e vizinhos fofoqueiros pensem por elas. Opiniões são a mercadoria mais barata da Terra. Todo mundo tem uma coleção de opiniões pronta para distribuir a quem as aceitar. Se você é influenciado pela opinião alheia, não terá nenhum desejo próprio.

Seja reservado ao pôr em prática os princípios aqui descritos, tomando as próprias decisões e agindo de acordo. Não confie em ninguém, exceto nos membros do seu grupo de MasterMind, e escolha para o grupo apenas quem estiver em total harmonia com seu objetivo.

Amigos e parentes próximos, mesmo sem intenção, sempre atrapalham com opiniões e às vezes com ridicularização pretendendo ser engraçados. Milhares de pessoas sofrem com complexo de inferioridade porque alguém bem-intencionado, mas ignorante, destruiu sua confiança com opiniões ou ridicularização.

Você tem um cérebro e mente próprios. Use-os e tome suas decisões. Se precisar de fatos ou informações de outras pessoas para ser capaz de tomar decisões, como provavelmente vai acontecer em muitos casos, adquira esses fatos ou a informação de que precisa discretamente, sem revelar seu objetivo.

É uma característica das pessoas que têm um conhecimento moderado ou superficial tentar dar a impressão de que têm muito conhecimento. Essas pessoas geralmente falam muito e ouvem pouco. Mantenha os olhos e os ouvidos bem abertos e a boca fechada se quiser adquirir o hábito de tomar decisões prontamente. Quem fala muito faz pouco. Se você fala mais do que escuta, não só se priva de muitas oportunidades de acumular conhecimento útil, como também revela seus planos e objetivos a pessoas que terão grande prazer em derrotá-lo porque o invejam.

Lembre-se também de que, toda vez que você abre a boca na presença de alguém que tem muito conhecimento, está revelando a essa pessoa seu exato capital de conhecimento – ou a falta dele. A sabedoria autêntica normalmente é notável por meio de modéstia e silêncio.

Se você fala sobre seus planos sem reservas, pode se surpreender quando souber que outra pessoa chegou ao seu objetivo pondo em prática os planos sobre os quais você falou sem nenhuma prudência. Que uma de suas primeiras decisões seja manter a boca fechada e os ouvidos e olhos abertos. Como lembrete para esse conselho, é útil copiar o seguinte epigrama em letras maiúsculas e deixá-lo em algum lugar onde o veja todos os dias: "Conte ao mundo o que você pretende fazer, mas mostre antes".

Aqueles que tomam decisões de maneira pronta e definida sabem o que querem e, geralmente, conseguem. Os líderes em todas as áreas da vida decidem rapidamente e com firmeza. Essa é a principal razão para serem líderes. O mundo tem o hábito de abrir espaço para o homem cujas palavras e ações mostram que ele sabe para onde vai.

Indecisão é um hábito que costuma começar cedo. O hábito adquire permanência com o jovem indo para o ensino fundamental, ensino médio e até para a faculdade sem a definição de objetivo. A principal fraqueza de todos os sistemas educacionais é que não ensinam nem incentivam o hábito da decisão definida.

Seria benéfico se nenhuma faculdade permitisse o ingresso de alunos que não declarassem seu principal objetivo na matrícula. Seria ainda mais benéfico se todo estudante que entra no ensino fundamental fosse compelido a aceitar treinamento no hábito de decisão e forçado a fazer uma prova sobre a disciplina antes de passar de ano.

O hábito da indecisão adquirido por causa das deficiências em nosso sistema de educação acompanha o estudante até a ocupação que ele escolher – se de fato ele escolher sua ocupação. Geralmente, o jovem que acaba de sair da escola procura qualquer emprego que possa encontrar. Aceita a primeira vaga disponível, porque caiu no hábito da indecisão. De cada cem pessoas que trabalham por salário hoje, 98 estão no emprego que têm porque não tiveram firmeza de decisão para planejar um emprego definido e o conhecimento de como escolher um empregador.

Firmeza de decisão sempre requer coragem, às vezes muita coragem. A pessoa que chega a uma decisão firme de procurar um emprego específico e fazer a vida pagar o preço que ela pede aposta sua liberdade econômica. Independência financeira, riqueza, negócios desejáveis e posições profissionais não estão ao alcance da pessoa que negligencia ou se recusa a esperar, planejar e exigir essas coisas.

Capítulo 8

PERSISTÊNCIA

O ESFORÇO SUSTENTADO NECESSÁRIO PARA INDUZIR FÉ

O oitavo passo para a riqueza

A base da persistência é a força de vontade. Homens que acumulam grandes fortunas geralmente são conhecidos como frios, às vezes, implacáveis. Frequentemente são mal entendidos. O que eles têm é força de vontade, que misturam com persistência para realizar seus objetivos.

A maioria das pessoas está pronta para jogar os objetivos pela janela e desistir de tudo ao primeiro sinal de oposição ou infortúnio. Pode não haver conotação heroica na palavra "persistência", mas a qualidade é, para o caráter do homem, o que o carbono é para o aço.

Falta de persistência é uma fraqueza que pode ser superada com esforço, dependendo inteiramente da intensidade do desejo do indivíduo. Desejos fracos produzem resultados fracos, da mesma forma que fogo fraco produz pouco calor. Se você descobre que lhe falta persistência, essa fraqueza pode ser reparada pela construção de um fogo mais forte sob seus desejos.

Sem persistência, você será derrotado antes mesmo de começar. Com persistência, vencerá. Não existe substituto para a persistência. Lembre-se disso, e essa ideia o fortalecerá no início, quando o progresso parecer difícil e lento.

Se descobrir que sua persistência é fraca, cerque-se de um grupo de MasterMind e a desenvolva por intermédio do esforço cooperativo. Se escolher seu grupo de MasterMind com cuidado, terá nele pelo menos uma pessoa que o ajudará no desenvolvimento da persistência.

Aqueles que cultivam a persistência parecem desfrutar de garantia contra o fracasso. Não importa quantas vezes sejam derrotados, finalmente chegam ao topo.

Os que passam no teste da persistência são generosamente recompensados. Conquistam o objetivo que estão perseguindo. E o conhecimento de que todo fracasso traz nele a semente de uma vantagem equivalente.

Os que ficam nas laterais do campo da vida veem o número esmagadoramente alto de pessoas que caem na derrota e nunca mais se levantam. Vemos os poucos que encaram o castigo da derrota como um impulso para um esforço maior. Esses felizmente nunca aprendem a aceitar a marcha a ré da vida. Mas o que não vemos, o que a maioria nem desconfia que existe, é o poder silencioso, mas irresistível, que resgata aqueles que lutam diante do desestímulo. Se falamos desse poder, nós o chamamos de persistência e nos damos por satisfeitos. Uma coisa que todos sabem é que, se não se tem persistência, não se alcança sucesso digno de nota em nenhuma área.

A persistência pode ser cultivada. Como todos os estados mentais, se baseia em causas definidas, entre elas:

- *Definição de objetivo.* Saber o que se quer é o primeiro passo para se desenvolver persistência. Um motivo forte obriga o indivíduo a superar muitas dificuldades.
- *Desejo.* É relativamente fácil adquirir e manter a persistência na busca do objeto de um desejo intenso.
- *Autoconfiança.* Acreditar na capacidade de realizar um plano incentiva o indivíduo a seguir tal plano.
- *Definição de planos.* Planos organizados, mesmo que fracos e impraticáveis, incentivam a persistência.
- *Conhecimento preciso.* Saber que os planos são sólidos, baseados em experiência ou observação.
- *Cooperação.* Simpatia, compreensão e cooperação harmoniosa com os outros costumam desenvolver a persistência.
- *Força de vontade.* O hábito de concentrar os pensamentos do indivíduo na construção de planos para a conquista de um objetivo definido leva à persistência.

- *Hábito.* Persistência é resultado direto do hábito. A mente absorve e torna-se parte das experiências diárias das quais se alimenta.

A seguir, os sintomas e causas da fraqueza de persistência, que são superados por todos que acumulam riquezas:

- Não reconhecer e não definir com clareza o que quer.
- Procrastinação (normalmente amparada por uma formidável variedade de álibis e desculpas).
- Falta de interesse em ter conhecimento especializado.
- Indecisão, o hábito de "passar a bola" em vez de encarar as situações (também amparado por álibis).
- O hábito de se apoiar em desculpas, em vez de criar planos definidos para a solução dos problemas.
- Autossatisfação. Não há muito remédio para isso.
- Indiferença, refletida na prontidão para ceder em vez de enfrentar a oposição e lutar contra ela.
- O hábito de culpar os outros pelos próprios erros e aceitar circunstâncias desfavoráveis como inevitáveis.

- Fraqueza de desejo, devido à falta de atenção aos motivos que impelem à ação.
- Disponibilidade, até avidez, para desistir ao primeiro sinal de derrota (baseada em um ou mais dos seis medos básicos).
- Falta de planos organizados e colocados por escrito.
- O hábito de deixar de pôr ideias em prática ou de agarrar oportunidades quando se apresentam.
- Querer em vez de exigir.
- O hábito de aceitar a pobreza. Ausência de ambição.
- Procurar atalhos para as riquezas, tentando obter sem dar em troca um equivalente justo.
- Medo de crítica, deixar de criar planos e colocá-los em prática por causa do que os outros vão pensar, fazer ou dizer.

Vamos examinar alguns sintomas do medo de crítica. Milhões de pessoas deixam de estudar mais tarde na vida, depois de terem deixado a escola, porque temem a crítica. Inúmeros homens e mulheres, jovens e velhos, permitem que familiares destruam sua vida em nome do dever porque temem as críticas (dever não exige que a pessoa se submeta à destruição de suas ambições pessoais e abra mão do direito de viver a própria vida do seu jeito).

As pessoas se recusam a correr riscos nos negócios porque temem as críticas que podem surgir se falharem. Muitas se recusam a estabelecer objetivos grandiosos para si mesmas ou até deixam de escolher uma carreira porque temem que parentes e amigos digam: "Não sonhe tão alto, as pessoas vão pensar que você é maluco".

Quando Andrew Carnegie sugeriu que eu dedicasse vinte anos à organização de uma filosofia de realização individual, minha primeira reação foi medo do que as pessoas poderiam dizer. A sugestão estabelecia um objetivo desproporcional a qualquer coisa que eu já tivesse concebido para mim. Rápida como um raio, minha mente começou a criar álibis e desculpas, todos relacionados ao medo de crítica. Tive ali uma ótima oportunidade de matar a ambição antes que ela assumisse o controle sobre mim.

Mais tarde, depois de ter analisado milhares de pessoas, descobri que muitas ideias são natimortas e precisam do sopro da vida injetado por planos definidos de ação imediata. O tempo de nutrir uma ideia é o momento de seu nascimento. Cada minuto de vida dá a ela melhor chance de sobrevivência. O medo da crítica está na raiz da destruição de muitas ideias que nunca chegam às etapas de planejamento e ação.

Muitas pessoas acreditam que o sucesso material é resultado de momentos favoráveis. Há um elemento que serve de base para essa crença, mas quem depende inteiramente da sorte quase sempre acaba desapontado, porque ignora outro fator importante que deve estar presente antes que se possa ter certeza do sucesso. É o conhecimento com o qual esses momentos favoráveis podem acontecer por demanda. O único momento favorável com que alguém pode contar é aquele que o próprio indivíduo promove. E isso se dá pela aplicação de persistência. O ponto de partida é a definição de objetivo.

Há quatro passos simples que levam ao hábito da persistência. Não exigem grande inteligência, nem um grau específico de educação, e requerem pouco tempo ou esforço. Os passos necessários são:

- Objetivo definido amparado por desejo ardente de sua realização.
- Um plano definido, expressado em ação contínua.
- Mente hermeticamente fechada contra qualquer influência negativa ou desestimulante, inclusive sugestões negativas de familiares, amigos e conhecidos.
- Uma aliança amigável com uma ou mais pessoas que incentivarão o indivíduo a seguir com o plano e o objetivo.

Esses quatro passos são essenciais para o sucesso em todas as esferas da vida. São os passos pelos quais se pode controlar o próprio destino econômico. São os passos que levam à liberdade e independência de pensamento.c São os passos que levam à riqueza, pequena ou grande.

Indicam o caminho para o poder, a fama e o reconhecimento mundial. São os quatro passos que garantem os momentos favoráveis. São os passos que transformam sonhos em realidades físicas. Também levam ao domínio do medo, do desânimo e da indiferença.

Há uma recompensa magnífica para todos que aprendem esses quatro passos – o privilégio de fazer a vida pagar o preço solicitado, seja ele qual for.

Que poder místico dá aos homens de persistência a capacidade de superar dificuldades? A qualidade da persistência desencadeia na mente do indivíduo alguma forma de atividade espiritual, mental ou química que dá acesso a forças sobrenaturais? A Inteligência Infinita se coloca ao lado da pessoa que ainda luta, mesmo depois de perder a batalha, com o mundo todo do outro lado?

Essas e muitas outras perguntas similares surgiram em minha mente ao observar homens que construíram impérios com pouco mais que persistência para começar.

Capítulo 9

O PODER DO MASTERMIND

A FORÇA PROPULSORA

Nono passo para a riqueza

Poder é essencial para o sucesso em acumular dinheiro. Planos são inertes e inúteis sem o poder suficiente para traduzi-los em ação.

Poder pode ser definido como conhecimento organizado e dirigido de forma inteligente. Poder, como o termo é usado aqui, refere-se a esforço organizado, suficiente para capacitar o indivíduo a transmutar desejo em seu equivalente monetário. Esforço organizado é produzido por intermédio da coordenação de esforços de duas ou mais pessoas que trabalham por um fim definido, em espírito de harmonia.

Poder é requisito para o acúmulo de dinheiro. Poder é necessário para conservar o dinheiro acumulado.

As fontes de conhecimento são:

- Inteligência Infinita;
- Experiência acumulada pela humanidade, encontrada em bibliotecas com um bom acervo e ensinada nas escolas e faculdades;
- Experiência e pesquisa, às quais se deve recorrer quando o conhecimento não está disponível pela experiência acumulada. Aqui a imaginação criativa deve ser usada com frequência.

Se os planos são abrangentes e grandiosos, o indivíduo geralmente precisa induzir outras pessoas a cooperar com ele antes de injetar nesses planos o necessário elemento do poder. MasterMind é a coordenação de conhecimento e esforço, em espírito de harmonia, entre duas ou mais pessoas, para a realização de um objetivo definido.

Nenhum indivíduo pode ter grande poder sem se servir do MasterMind. Em um capítulo anterior, foram dadas instruções para a criação de planos com o propósito de traduzir desejo em seu equivalente monetário. Se você seguir as instruções com persistência e inteligência e for criterioso na seleção de seu grupo de MasterMind, já terá percorrido metade do caminho para a conquista do seu objetivo antes mesmo de começar a reconhecê-lo.

Vamos explicar aqui as duas características do princípio do MasterMind, uma econômica e outra psíquica.

Vantagens econômicas podem ser obtidas por qualquer pessoa que se cerque com o conselho, a orientação e a cooperação de um grupo que se disponha a ajudar em espírito de perfeita harmonia. Esse tipo de aliança tem sido a base de quase todas as grandes fortunas.

A característica psíquica do MasterMind é bem mais abstrata e difícil de compreender. Você pode apreender uma sugestão importante na seguinte afirmação: duas mentes nunca se unem sem criar uma força invisível, intangível, que pode ser comparada a uma terceira mente.

Só existem dois elementos conhecidos em todo o universo – energia e matéria. A mente humana é uma forma de energia, sendo uma parte dela de natureza espiritual. Quando as mentes de duas pessoas são coordenadas em um espírito de harmonia, as unidades espirituais de energia de cada uma formam uma afinidade, que constitui a fase psíquica do MasterMind.

O princípio do MasterMind, ou melhor, seu componente econômico, me foi apontado pela primeira vez por Andrew Carnegie. O grupo de MasterMind de Carnegie era formado por cerca de cinquenta homens, de quem ele se cercava para o objetivo definido de produzir e comercializar aço. Ele atribuía toda a sua fortuna ao poder que acumulou por intermédio desse MasterMind.

O cérebro humano pode ser comparado a uma bateria elétrica. Sabe-se bem que um grupo de baterias elétricas fornece mais energia do que uma única bateria. Também é fato conhecido que uma bateria fornece energia proporcional ao número e à capacidade das células que contém. Assim como as baterias, um grupo de cérebros coordenados (ou conectados) em espírito de harmonia fornece mais energia de pensamento que um cérebro sozinho.

Com essa metáfora, fica óbvio que o MasterMind contém o segredo do poder conferido aos indivíduos que se cercam de pessoas inteligentes. Segue aqui outra afirmação que nos aproxima ainda mais de compreender a fase psíquica do MasterMind: quando um grupo de cérebros se coordena e funciona em harmonia, a energia aumentada criada por essa aliança torna-se disponível a todos os cérebros do grupo individualmente. Os indivíduos absorvem a natureza, os hábitos e o poder de pensamento daqueles com quem se associam em espírito de simpatia e harmonia.

A principal fonte de onde o poder pode ser obtido é a Inteligência Infinita. Quando duas ou mais pessoas se coordenam em espírito de harmonia e trabalham por um objetivo definido, elas se colocam em condições de acessar diretamente o grande depósito universal da Inteligência Infinita. Essa é a fonte a que o gênio recorre. É a fonte a que todo grande líder recorre (esteja ele consciente do fato ou não).

Nos próximos capítulos, os métodos pelos quais se pode entrar em contato mais prontamente com a Inteligência Infinita serão adequadamente descritos.

Nenhum princípio fundamental descrito neste livro deve ser interpretado como uma intenção de interferir, direta ou indiretamente, nos hábitos religiosos de ninguém. Este livro limita-se exclusivamente a instruir o leitor sobre como transmutar o objetivo definido do desejo por dinheiro em seu equivalente monetário.

Pobreza não precisa de plano. Não precisa de ninguém para ajudá-la, porque é ousada e implacável. A riqueza é acanhada e tímida. Precisa ser atraída.

Capítulo 10

O MISTÉRIO DA TRANSMUTAÇÃO DO SEXO

Décimo passo para a riqueza

Transmutação do sexo significa desviar a mente de pensamentos de expressão física para ideias de outra natureza. O desejo sexual é o mais poderoso dos desejos humanos. Impelido por esse desejo, o homem desenvolve agudeza de imaginação, coragem, força de vontade, persistência e habilidade criativa desconhecidas em outros momentos. O desejo de contato sexual é tão forte e propulsor que os homens arriscam a vida e a reputação para satisfazê-lo.

Quando dominada e redirecionada para outras vias, essa força motivadora mantém todos os seus atributos que podem ser usados em qualquer vocação ou ocupação, inclusive, é claro, na acumulação de riquezas.

O desejo de expressão sexual é inato e natural, não pode e não deve ser sufocado ou eliminado. Mas é preciso dar a ele formas de expressão que enriqueçam o corpo, a mente e o espírito. Os estímulos a que a mente responde de maneira mais irrestrita são:

- Desejo de expressão sexual
- Amor
- Desejo ardente de fama, poder ou ganho financeiro
- Música
- Amizade
- Aliança de MasterMind
- Sofrimento mútuo
- Autossugestão
- Medo
- Narcóticos e álcool

Oito desses estímulos são naturais e construtivos, dois são destrutivos. Sob o efeito de um ou mais dos dez estimulantes mentais, o indivíduo é elevado muito acima do horizonte do pensamento comum. Nesse plano exaltado de pensamento, a faculdade criativa da mente tem liberdade de ação.

A energia do sexo é a energia criativa de todos os gênios. Nunca houve e nunca haverá um grande líder, construtor ou artista que não tenha essa força propulsora.

Não vá entender essas afirmações de maneira distorcida e deduzir que todos os indivíduos altamente sexuados são gênios. A energia precisa ser transmutada de desejo por contato físico em alguma outra forma de desejo e ação antes de elevar alguém ao *status* de gênio. Longe de se tornar gênio por causa de grande desejo sexual, a maioria dos homens se rebaixa pela incompreensão e pelo mau uso dessa grande força, descendo ao *status* de animal inferior.

O mundo é comandado pelas emoções humanas. As pessoas são mais influenciadas em seus atos por sentimentos que pela razão. A faculdade criativa da mente é posta em ação inteiramente por emoções, não pela razão fria.

O fator de personalidade conhecido como magnetismo pessoal nada mais é do que energia sexual. Pessoas altamente sexuadas têm um farto estoque de magnetismo, comunicado aos outros pelos seguintes meios:

- Aperto de mão. O toque das mãos indica instantaneamente a presença de magnetismo ou a falta dele.
- Tom de voz. O magnetismo modula a voz, podendo torná-la musical e encantadora.
- Postura e porte físico. Pessoas altamente sexuadas se movem com energia, elegância e tranquilidade.
- Vibrações de pensamento. Pessoas altamente sexuadas misturam a emoção do sexo com seus pensamentos e assim podem influenciar os que as cercam.
- Aparência física. Pessoas altamente sexuadas costumam ser muito cuidadosas com sua aparência física. Normalmente, escolhem roupas que combinam com sua personalidade, forma física etc.

Pessoas que carecem de energia sexual não são entusiasmadas nem inspiram entusiasmo nos outros. O palestrante, pregador, advogado ou vendedor que carece de energia sexual é um fiasco em termos de influenciar os outros.

As afirmações sobre a virtude da energia sexual não devem ser usadas como justificativa para libertinagem. A emoção do sexo é uma virtude apenas quando usada de maneira inteligente e criteriosa. Intemperança nos hábitos sexuais é tão prejudicial quanto no consumo de bebida e comida. Um homem louco por sexo não é essencialmente diferente de um homem louco por drogas. Ambos perdem o controle sobre a razão e a força de vontade.

Sexo sozinho é um poderoso impulso para a ação, mas sua força é frequentemente incontrolável. Quando a emoção do amor começa a se misturar à emoção do sexo, o resultado é calmaria de propósito, postura, precisão de julgamento e equilíbrio. Amor, romance e sexo são emoções capazes de levar um homem ao auge da super-realização.

Incentive a presença dessas emoções como pensamentos dominantes na mente e desestimule a presença de todas as emoções destrutivas. A mente é uma criatura de hábitos. Alimenta-se dos pensamentos dominantes que são dados a ela. Pela faculdade da força de vontade, pode-se desestimular a presença de qualquer emoção e incentivar a presença de qualquer outra. Controlar a mente pela força de vontade não é difícil. O controle vem da persistência e do hábito. O segredo do controle está em entender o processo de transmutação. Quando qualquer emoção negativa se apresenta à mente, ela pode ser transmutada em uma emoção positiva ou construtiva pelo simples procedimento de mudar os pensamentos.

As emoções de amor e sexo deixam marcas inconfundíveis nos traços. O homem impelido por desejos sexuais anuncia o fato ao mundo pelo olhar e pela expressão do rosto. O amor suaviza e embeleza a expressão facial.

Toda pessoa que já foi movida pelo amor verdadeiro sabe que ele deixa marcas duradouras no coração. Até as lembranças do amor são suficientes para elevar o indivíduo a um plano superior de esforço criativo. Banhe a mente nas belas memórias do amor que passou. Isso vai amenizar a influência das preocupações e dos aborrecimentos do presente. Vai lhe dar uma via de escape das desagradáveis realidades da vida, e talvez a mente forneça durante esse retiro temporário ideias ou planos que podem mudar todo o *status* financeiro ou espiritual de sua vida.

Se você acredita ser desafortunado porque amou e perdeu, supere esse pensamento. Quem amou de verdade nunca pode perder completamente. O amor é caprichoso e temperamental. Sua natureza é efêmera e transitória. Vem quando quer e vai sem aviso. Aceite e aproveite enquanto permanece, mas não perca tempo se preocupando com sua partida. Preocupação nunca o trará de volta.

Supere também a ideia de que o amor só acontece uma vez. O amor pode ir e vir inúmeras vezes, mas não existem duas experiências amorosas que possam afetar o indivíduo do mesmo jeito. Pode haver e normalmente há uma experiência de amor que deixa marca mais profunda no coração que todas as outras, mas todas as experiências de amor são benéficas, exceto para a pessoa que se torna ressentida e cínica quando o amor acaba.

O amor é uma emoção com muitos tons e cores. O amor pelos pais ou filhos é bem diferente daquele por um namorado. Existe o amor na amizade verdadeira e o amor por coisas inanimadas, como pela natureza.

Contudo, o mais intenso e ardente de todos os tipos de amor é aquele que se sente na fusão das emoções de amor e sexo. Quando essas duas emoções se misturam, o casamento pode promover o estado mental mais próximo do espiritual que se pode conhecer neste plano terreno.

Quando a emoção do romance é adicionada às do amor e do sexo, as obstruções entre a mente finita do homem e a Inteligência Infinita são removidas. Nasce um gênio!

Capítulo 11

A MENTE SUBCONSCIENTE

O ELO

Décimo primeiro passo para a riqueza

O subconsciente é o campo de consciência no qual todo pensamento que alcança a mente por intermédio de qualquer um dos cinco sentidos é classificado e registrado e de onde pode ser resgatado. Você pode plantar no subconsciente qualquer plano ou objetivo que deseje transmutar em seu equivalente físico. O subconsciente age primeiro sobre desejos misturados a uma emoção, como a fé.

A mente subconsciente trabalha dia e noite. Por meios desconhecidos pelo homem, o subconsciente recorre à Inteligência Infinita para obter o poder com que transmuta os desejos do indivíduo em seu equivalente físico, usando sempre o meio mais prático para alcançar esse fim.

Você não pode controlar a mente subconsciente por inteiro, mas pode entregar a ela voluntariamente qualquer plano, desejo ou objetivo que queira transformar na forma concreta. As possibilidades de esforço criativo relacionadas à mente subconsciente são estupendas e imponderáveis.

A mente subconsciente não fica parada. Se você não planta desejos, ela se alimenta dos pensamentos que chegam como resultado de sua negligência. Lembre que você vive em meio a todo tipo de pensamento que chega ao subconsciente sem seu conhecimento. Alguns são negativos, outros, positivos. Você agora está tentando conter o fluxo de impulsos negativos e influenciar a mente subconsciente por meio de impulsos positivos do desejo. Quando conseguir, terá a chave que destranca a porta para a mente subconsciente. Além disso, vai controlar essa porta tão completamente que nenhum pensamento indesejável vai poder influenciar sua mente subconsciente.

Tudo que o homem cria começa na forma de pensamento. O homem não pode criar nada que não conceba primeiro em pensamento. Com a ajuda da imaginação, impulsos de pensamento podem ser reunidos e formar planos. A imaginação, quando controlada, pode ser usada para a criação de planos de objetivos que levam ao sucesso na ocupação que se escolheu.

Todos os pensamentos que se pretende transmutar em seu equivalente físico, plantando-os voluntariamente no subconsciente, devem passar pela imaginação e se misturar com fé. A mistura de fé e plano ou objetivo a ser submetida ao subconsciente só pode ser feita pela imaginação.

A mente subconsciente é mais suscetível à influência de pensamentos misturados a sentimento ou emoção do àqueles apenas racionais. Você está se preparando para influenciar e controlar a mente subconsciente a fim de entregar a ela o desejo por dinheiro, que você quer transmutar em seu equivalente monetário. É essencial, portanto, entender como abordar essa plateia interior. Você deve falar sua língua, ou ela não dará atenção ao chamado.

Vamos listar aqui as principais emoções, de forma que você possa recorrer às positivas e evitar as negativas quando der instruções à mente subconsciente.

As sete principais emoções positivas são:

- Desejo
- Fé
- Amor
- Sexo
- Entusiasmo
- Romance
- Esperança

Domine essas sete (elas só podem ser controladas pelo uso), e as outras emoções positivas estarão à sua disposição quando precisar. Você está estudando um livro para desenvolver consciência do dinheiro enchendo sua mente de emoções positivas. Não é possível se tornar consciente do dinheiro enchendo a mente de emoções negativas.

As sete principais emoções positivas são:

- Medo
- Ciúme
- Ódio
- Vingança
- Ganância
- Superstição
- Raiva

Emoções positivas e negativas não podem ocupar a mente ao mesmo tempo. Uma ou outra deve dominar. É sua responsabilidade garantir que emoções positivas constituam a influência dominante sobre sua mente. Adquira o hábito de aplicar as emoções positivas. Com o tempo, elas dominarão sua mente tão completamente que as emoções negativas não conseguirão entrar.

Muita gente recorre à oração apenas depois de todo o resto ter falhado. Aí, rezam com a mente cheia de medo e dúvida. Se você reza por alguma coisa com medo de não a alcançar ou de que sua prece não seja posta em prática pela Inteligência Infinita, sua oração será em vão.

Não existe pedágio entre a mente finita do homem e a Inteligência Infinita. A comunicação não custa mais que paciência, fé, persistência, compreensão e um desejo sincero de se comunicar. A abordagem só pode ser feita pelo próprio indivíduo. A Inteligência Infinita não faz negócios com procuradores. Ou você a aborda diretamente, ou não se comunica.

O subconsciente traduz as orações em termos que a Inteligência Infinita reconhece, apresenta a mensagem e leva a resposta de volta na forma de um plano ou ideia para obter o objeto da prece. Entenda isso e você saberá por que meras palavras lidas de um livro de orações nunca servirão como agente de comunicação entre a mente do homem e a Inteligência Infinita.

Capítulo 12

O CÉREBRO

UMA ESTAÇÃO TRANSMISSORA E RECEPTORA DE PENSAMENTO

Décimo segundo passo para a riqueza

O cérebro humano é uma estação que transmite e recebe a vibração de pensamento. Pensamento é energia viajando em um padrão de vibração extraordinariamente alto. O pensamento intensificado por qualquer uma das principais emoções vibra em um padrão muito mais elevado que o pensamento comum, e é esse tipo de pensamento que passa de um cérebro para outro.

A emoção do sexo está no topo da lista das emoções humanas em termos de intensidade e força propulsora. O cérebro estimulado pela emoção do sexo vibra em uma frequência muito mais rápida. O resultado da transmutação do sexo é o aumento do padrão de vibração de pensamentos até um ritmo em que a imaginação criativa se torna altamente receptiva a ideias que capta do éter.

Quando o cérebro vibra em uma frequência rápida, não só atrai pensamentos e ideias liberados por outros cérebros, como também fornece aos pensamentos do indivíduo o sentimento essencial antes de tais pensamentos serem captados e postos em prática pela mente subconsciente.

A mente subconsciente é a estação transmissora do cérebro, pela qual as vibrações de pensamento são transmitidas. A imaginação criativa é a estação receptora pela qual as vibrações de pensamento são captadas. A autossugestão é o meio pelo qual você pode colocar em operação a sua estação transmissora.

Com as instruções descritas no capítulo de autossugestão, você foi informado sobre o método pelo qual desejo pode ser transmutado em seu equivalente monetário. A operação de sua estação transmissora mental é um procedimento simples. Você só precisa ativar a mente subconsciente, a imaginação criativa e a autossugestão. Os estímulos pelos quais você põe esses três elementos em ação foram descritos – o procedimento começa com desejo.

Meus associados e eu descobrimos o que acreditamos serem as condições ideais sob as quais a mente pode ser estimulada, de forma que o sexto sentido, descrito no próximo capítulo, possa ser posto para funcionar.

As condições a que me refiro consistem em uma aliança de trabalho próxima entre eu e dois membros de minha equipe. Por meio de experimentação e prática, descobrimos como estimular a mente (aplicando o princípio usado com os conselheiros invisíveis, descrito no próximo capítulo) de forma a podermos, por um processo de mistura das nossas três mentes, encontrar a solução para uma grande variedade de problemas pessoais trazidos por meus clientes.

O procedimento é muito simples. Sentamos em volta de uma mesa de reuniões, colocamos com clareza a natureza do problema que temos de tratar, depois começamos a discuti-lo. Cada um contribui com todos os pensamentos que surgirem. O estranho nesse método de estimulação mental é que ele coloca cada participante em comunicação com fontes desconhecidas de conhecimento, alheias à sua experiência. Esse método de estimulação mental mediante discussão harmoniosa de assuntos definidos entre três pessoas ilustra o uso mais simples e prático do MasterMind.

Capítulo 13

O SEXTO SENTIDO

A PORTA PARA O TEMPLO DA SABEDORIA

Décimo terceiro passo para a riqueza

O sexto sentido é a porção da mente subconsciente chamada de imaginação criativa. É a estação receptora por meio da qual ideias, planos e pensamentos surgem na mente em *flashes* chamados de palpites ou inspirações. O sexto sentido provavelmente é o meio de contato entre a mente humana finita e a Inteligência Infinita, é uma mistura de mental e espiritual.

Com a ajuda do sexto sentido, você será prevenido sobre perigos iminentes a tempo de evitá-los e notificado de oportunidades a tempo de agarrá-las. O autor não acredita em milagres porque tem conhecimento suficiente da natureza para entender que ela nunca se desvia das leis estabelecidas. Algumas de suas leis são tão incompreensíveis que produzem o que parecem ser milagres.

Existe um poder que permeia cada átomo de matéria e cada unidade de energia perceptível ao homem; é a Inteligência Infinita, que pode, por intermédio dos princípios desta filosofia, ser induzida a ajudar na transmutação de desejos na forma concreta ou material. O autor tem esse conhecimento porque o testou e experimentou.

Passo a passo, ao longo dos capítulos anteriores, você foi trazido a este último princípio. Se dominou cada um dos princípios anteriores, está preparado para aceitar sem ceticismo a afirmação estupenda que é feita aqui. Se não dominou, deve dominá-los antes de poder determinar se a afirmação feita neste capítulo é fato ou ficção.

Quando passei pela fase da idolatria do herói, me peguei tentando imitar as pessoas que mais admirava. Descobri que a fé com que pretendia imitar meus ídolos me dava grande capacidade para realizar a imitação com sucesso. A experiência me ensinou que a segunda melhor coisa depois de ser realmente grande é imitar o grande em sentimento e ação, tanto quanto possível.

Muito antes de ter escrito uma linha sequer para publicação ou ter me dedicado a fazer palestras, cultivei o hábito de reformular meu caráter tentando imitar os homens cujas vidas e obras mais me impressionavam. Todas as noites, ao longo de muitos anos, eu promovia uma reunião imaginária com esse grupo que chamava de conselheiros invisíveis.

Como dedicado estudante de psicologia, eu sabia que todo homem se torna o que é por causa de seus pensamentos e desejos dominantes. Sabia que a autossugestão é um fator poderoso na construção do caráter.

Nas reuniões imaginárias, eu pedia o conhecimento

que queria de cada conselheiro, dirigindo-me a eles em palavras audíveis. Estudei o histórico de cada um com cuidado minucioso. Depois de alguns meses desse procedimento noturno, fiquei chocado com a descoberta de que as figuras imaginárias se tornavam aparentemente reais.

Esta é a primeira vez que falo sobre isso. Senti-me encorajado a relatar minha experiência porque agora me preocupo menos com o que vão dizer. Para que não me entendam mal, declaro enfaticamente considerar as reuniões do meu gabinete puramente imaginárias, mas sinto que tenho o direito de sugerir que, embora os membros do meu gabinete sejam puramente fictícios e as reuniões só existam em minha imaginação, eles me levaram por caminhos gloriosos de aventura, reacenderam um reconhecimento da verdadeira grandeza, incentivaram a atividade criativa e encorajaram a expressão do pensamento honesto.

Até agora a ciência não descobriu onde fica o órgão do sexto sentido, mas isso não é importante. O que importa é que o ser humano recebe conhecimento preciso por meio de outras fontes além dos sentidos físicos. Esse conhecimento geralmente é recebido quando a mente está sob a influência de estimulação extraordinária.

Qualquer emergência que faça o coração bater mais rápido que o normal pode ativar o sexto sentido. Qualquer um que tenha vivido a experiência de um quase acidente sabe que nessas ocasiões o sexto sentido entra em cena e ajuda a evitar o desastre por uma fração de segundo.

Durante as reuniões com os conselheiros invisíveis percebo minha mente mais receptiva a ideias, pensamentos e conhecimento que chegam a mim pelo sexto sentido. Posso dizer sinceramente que devo a meus conselheiros invisíveis todo o crédito por ideias, fatos ou conhecimentos que recebi por "inspiração". Em dezenas de ocasiões, quando me vi diante de emergências, fui milagrosamente guiado pela influência de meus conselheiros invisíveis.

Meu objetivo inicial ao conduzir reuniões de conselho com seres imaginários era apenas impressionar minha mente subconsciente, mediante autossugestão, com certas características que desejava adquirir. Em anos mais recentes, minha experimentação tomou um caminho inteiramente diferente. Agora recorro aos conselheiros imaginários a cada problema difícil que se apresenta a mim e meus clientes. Os resultados costumam ser espantosos, embora eu não dependa inteiramente dessa forma de orientação.

Você pode tirar proveito deste livro sem entender o princípio descrito neste capítulo, especialmente se o seu objetivo é acumular dinheiro e bens materiais. Mas este capítulo foi incluído porque o livro pretende apresentar uma filosofia completa com a qual os indivíduos podem se guiar sem erro a fim de conquistar o que quiserem da vida.

O ponto de partida de toda realização é desejo. O ponto final é o conhecimento que leva à compreensão do eu, dos outros, das leis da natureza e da felicidade. Essa compreensão só chega em sua plenitude pelo conhecimento e uso do sexto sentido; o princípio foi incluído para o benefício daqueles que querem mais do que dinheiro.

Capítulo 14

COMO VENCER OS SEIS FANTASMAS DO MEDO

DESCUBRA OS FANTASMAS NO SEU CAMINHO

Existem seis medos básicos:

- Medo da pobreza
- Medo de crítica
- Medo de doença
- Medo de perder o amor de alguém
- Medo de envelhecer
- Medo da morte

Todos os outros medos são de menor importância e podem ser agrupados sob esses seis principais, que se traduzem em preocupação. Livre-se para sempre do medo da morte tomando a decisão de aceitá-la como um acontecimento inevitável. Elimine o medo da pobreza tomando a decisão de se dar bem com toda a riqueza que conseguir acumular sem preocupação. Pise no pescoço do medo de crítica tomando a decisão de não se preocupar com o que outras pessoas pensam, fazem ou dizem.

Elimine o medo de envelhecer tomando a decisão de aceitar a velhice não como um prejuízo, mas como uma grande bênção que traz com ela sabedoria, autocontrole e compreensão desconhecidos na juventude. Supere o medo da doença com a decisão de esquecer sintomas. Domine o medo de perder o amor tomando a decisão de seguir em frente sem amor, se for necessário.

Destrua o hábito de se preocupar, em todas as suas formas, tomando a decisão de que nada que a vida tem a oferecer vale o preço da preocupação. Com essa decisão virão a compostura, a paz de espírito e a tranquilidade de pensamento que trarão a felicidade.

Um homem cuja mente está cheia de medo não só destrói suas chances de ação inteligente, mas também transmite essas vibrações destrutivas à mente de todos com que entra em contato e também destrói as chances deles.

Seu negócio na vida é, presumo, conquistar o sucesso. Para ser bem-sucedido, você precisa encontrar paz mental, atender às necessidades materiais da vida e, acima de tudo, alcançar a felicidade. Todas essas evidências de sucesso começam na força de impulsos de pensamento.

Você pode controlar a própria mente, tem o poder de alimentá-la com os impulsos de pensamento que escolher. Esse privilégio é acompanhado pela responsabilidade de usá-lo de maneira construtiva. Você é o mestre de seu destino terreno, tão certamente quanto tem o poder de controlar seus pensamentos. Pode influenciar, dirigir e, com o tempo, controlar seu ambiente, fazendo de sua vida o que quer que ela seja, ou pode negligenciar o exercício do privilégio que é seu, o de construir a vida como quer que ela seja, lançando-se assim no vasto mar das circunstâncias, onde será jogado de um lado para o outro como uma partícula nas ondas do oceano.

Além dos seis medos básicos, existe outro mal que acomete as pessoas. Por falta de um nome melhor, vamos chamar esse mal de suscetibilidade a influências negativas.

Homens que acumulam grandes riquezas sempre se protegem contra esse mal. Os atingidos pela pobreza, nunca. Os que alcançam o sucesso em qualquer área devem preparar a mente para resistir ao mal.

Sem dúvida, a fraqueza mais comum a todos os seres humanos é o hábito de deixar a mente aberta para a influência negativa de outras pessoas. Essa fraqueza é ainda mais prejudicial porque muitas pessoas não reconhecem que são amaldiçoadas por ela, e muitas das que a reconhecem não se importam, ou se recusam a corrigir o mal até que ele se torne uma parte incontrolável de seus hábitos diários.

A seguinte lista de perguntas foi preparada para ajudar aos que desejam se ver como realmente são. Leia as questões e responda em voz alta, para ouvir a própria voz. Assim, será mais fácil ser verdadeiro com você mesmo.

TESTE DE AUTOANÁLISE

- Você reclama sempre de sentir-se mal? Se sim, qual é a causa?
- Aponta defeitos de outras pessoas à menor provocação?
- Comete erros frequentemente no trabalho? Se sim, por quê?
- É sarcástico e ofensivo ao conversar?
- Evita deliberadamente se associar a alguém? Se sim, por quê?
- Sofre frequentemente de indigestão? Se sim, qual é a causa?
- A vida parece inútil e não há esperança no futuro para você? Se sim, por quê?
- Gosta da sua ocupação? Se não, por quê?

- Sente frequentemente autopiedade? Se sim, por quê?
- Inveja aqueles que estão melhor que você?
- A que dedica a maior parte do tempo em termos de sucesso ou fracasso?
- Está ganhando ou perdendo autoconfiança à medida que envelhece?
- Aprende alguma coisa de valor com todos os erros?
- Está permitindo que algum parente ou conhecido o preocupe? Se sim, por quê?
- Às vezes está nas nuvens e outras vezes, nas profundezas do desânimo?
- Quem tem a influência mais inspiradora sobre você? Por quê?
- Tolera influências negativas ou desanimadoras que pode evitar?
- É descuidado com sua aparência pessoal? Se sim, quando e por quê?
- Aprendeu a sufocar seus problemas, se mantendo ocupado demais para se deixar incomodar por eles?

- Você se consideraria um "fraco sem vontade" se permitisse que outras pessoas pensassem por você?
- Negligencia o banho interno até que a autointoxicação o deixe de mau humor e irritado?
- Quantas perturbações preveníveis o incomodam? Por que você as tolera?
- Recorre a bebida alcoólica, narcóticos ou cigarros para acalmar os nervos? Se sim, por que não tenta usar a força de vontade em vez disso?
- Alguém o irrita? Se sim, por que motivo?
- Você tem um objetivo principal definido? Se tem, qual é? E que plano tem para conquistá-lo?
- Sofre de algum dos seis medos básicos? Se sim, quais?
- Tem algum método para se proteger da influência negativa alheia?
- Faz uso deliberado de autossugestão para tornar sua mente positiva?
- O que valoriza mais, suas posses materiais ou o privilégio de controlar os próprios pensamentos?

- É facilmente influenciável pelos outros, contra as próprias opiniões?
- Acrescentou hoje algum valor ao seu arsenal de conhecimento ou estado mental?
- Enfrenta as circunstâncias que o fazem infeliz ou se esquiva da responsabilidade?
- Analisa todos os erros e fracassos e tenta lucrar com eles ou age como se isso não fosse sua obrigação?
- Pode nomear três de suas fraquezas mais prejudiciais? O que está fazendo para corrigi-las?
- Incentiva outras pessoas a trazer suas preocupações a você por piedade?
- Escolhe, entre suas experiências diárias, lições ou influências que colaboram com seu progresso pessoal?
- Sua presença tem uma influência negativa regular sobre outras pessoas?
- Que hábitos dos outros mais o incomodam?
- Forma suas opiniões ou se deixa influenciar por outra pessoa?

- Aprendeu a criar um estado mental com o qual consegue se proteger contra influências desanimadoras?
- Sua ocupação o inspira com fé e esperança?
- Tem consciência de ter poderes espirituais suficientes para manter a mente livre de todas as formas de medo?
- Sua religião o ajuda a manter a mente positiva?
- Sente que é seu dever compartilhar da preocupação de outras pessoas? Se sim, por quê?
- Se acredita no ditado "diga-me com quem andas e te direi quem és", o que aprendeu sobre si mesmo analisando os amigos que atrai?
- Que relação você vê entre as pessoas com quem se associa de maneira mais próxima e qualquer infelicidade que possa sentir?
- É possível que alguém que você considera um amigo seja na verdade seu pior inimigo, por causa dessa influência negativa sobre sua mente?
- Por quais regras você julga quem é útil e quem o prejudica?

- Quanto de 24 horas você dedica a:
  - a. sua ocupação
  - b. sono
  - c. lazer e relaxar
  - d. adquirir conhecimento útil
  - e. simples desperdício
- Quem entre seus conhecidos:
  - a. mais o incentiva
  - b. mais o alerta
  - c. mais o desestimula
  - d. mais o ajuda de outras maneiras
- Qual é sua maior preocupação? Por que a tolera?
- Quando alguém oferece conselho que não foi solicitado, você aceita sem questionar ou analisa os motivos dessa pessoa?
- O que mais deseja, acima de tudo? Pretende realizar esse desejo? Está disposto a subordinar todos os outros desejos a este? Quanto tempo dedica diariamente a conquistá-lo?
- Você muda de ideia com frequência? Se sim, por quê?

- Costuma terminar tudo que começa?
- Você se impressiona com facilidade com os negócios ou títulos profissionais, diplomas universitários ou riqueza de outras pessoas?
- É facilmente influenciável pelo que outras pessoas pensam ou dizem de você?
- Faz deferência às pessoas por seu *status* social ou financeiro?
- Quem acredita ser a maior pessoa viva? Em que aspecto essa pessoa é superior a você?
- Quanto tempo dedicou a estudar e responder essas questões? (É necessário um dia pelo menos para analisar e responder a lista inteira.)

Se você respondeu a todas essas perguntas com sinceridade, sabe mais sobre si mesmo que a maioria das pessoas. Estude as questões atentamente, volte a elas uma vez por semana durante vários meses e se surpreenda com a quantidade de conhecimento que irá adquirir com o método simples de responder às perguntas honestamente.

Se não tem certeza em relação às respostas para algumas das perguntas, converse com aqueles que o conhecem melhor, especialmente os que não têm motivos para adulá-lo, e enxergue-se através dos olhos deles. A experiência vai ser surpreendente.

Pessoas que não alcançam o sucesso têm uma característica em comum. Elas conhecem todas as razões para o fracasso e têm o que acreditam ser desculpas irrefutáveis para explicar a própria falta de realizações. Algumas dessas desculpas são astutas e algumas poucas são justificáveis pelos fatos.

Um analista de personalidade compilou uma lista das desculpas mais usadas. Determine quantas você usa.

- Se eu não tivesse esposa e família...
- Se eu tivesse impulso suficiente...
- Se eu tivesse dinheiro...
- Se eu tivesse uma boa educação...
- Se eu conseguisse um emprego...
- Se eu tivesse boa saúde...

- Se ao menos eu tivesse tempo...
- Se os tempos fossem melhores...
- Se outras pessoas me entendessem...
- Se as condições à minha volta fossem diferentes...
- Se eu pudesse viver minha vida de novo...
- Se eu não tivesse medo do que vão dizer...
- Se eu tivesse tido uma chance...
- Se eu tivesse uma chance agora...
- Se as outras pessoas não implicassem comigo...
- Se não acontecesse nada para me impedir...
- Se eu fosse mais jovem...
- Se eu pudesse fazer o que quero...
- Se eu tivesse nascido rico...
- Se eu pudesse conhecer as pessoas certas...
- Se eu tivesse o talento que algumas pessoas têm...
- Se eu ousasse me colocar...
- Se eu tivesse aproveitado oportunidades passadas...
- Se as pessoas não me deixassem nervoso...
- Se eu não tivesse que manter a casa e os filhos...

- Se eu pudesse economizar algum dinheiro…
- Se o chefe me reconhecesse…
- Se eu tivesse alguém para me ajudar…
- Se minha família me entendesse…
- Se eu vivesse em uma cidade grande…
- Se eu conseguisse ao menos começar…
- Se eu fosse livre…
- Se eu tivesse a personalidade de algumas pessoas…
- Se eu não fosse tão gordo…
- Se meus talentos fossem conhecidos…
- Se eu tivesse sorte…
- Se eu conseguisse me livrar das dívidas…
- Se eu não tivesse errado…
- Se eu soubesse como…
- Se todo mundo não se opusesse a mim…
- Se eu não tivesse tantas preocupações…
- Se eu pudesse me casar com a pessoa certa…
- Se as pessoas não fossem tão burras…
- Se minha família não fosse tão extravagante…

- Se eu me sentisse seguro...
- Se a sorte não estivesse contra mim...
- Se eu não tivesse nascido com a estrela errada...
- Se não fosse verdade que "o que tem que ser, será"...
- Se eu não tivesse que trabalhar tanto...
- Se eu não tivesse perdido meu dinheiro...
- Se eu vivesse em uma região diferente...
- Se eu não tivesse um "passado"...
- Se eu tivesse um negócio próprio...
- Se outras pessoas me ouvissem...
- SE – e este é o maior SE de todos – eu tivesse a coragem de me ver como realmente sou, descobriria o que está errado em mim e corrigiria; então poderia ter uma chance de lucrar com meus erros e aprender alguma coisa com a experiência de outras pessoas, porque sei que tem algo errado comigo, ou poderia estar agora onde gostaria de estar, se tivesse passado mais tempo analisando minhas fraquezas e menos tempo criando desculpas para encobri-las.

Antes, você podia ter uma desculpa lógica para não forçar a vida a entregar o que você pedia, mas esse álibi agora é obsoleto, porque está de posse da chave mestra que destranca a porta para a riqueza abundante da vida.

A chave-mestra é intangível, mas poderosa. Ela é o privilégio de criar em sua mente um desejo ardente para uma forma definida de riqueza. Não há penalidade para o uso da chave, mas há um preço que você tem que pagar se deixa de usá-la. O preço é o fracasso. Há uma recompensa de proporções estupendas se você usa a chave. É a satisfação que chega para todos que dominam o eu e forçam a vida a pagar o preço que for pedido.

A recompensa vale seu esforço. Você está disposto a começar e ser convencido?

"Se nos identificamos", disse o imortal Emerson, "vamos nos conhecer." Para encerrar, tomo emprestado esse pensamento e digo: "Se nos identificamos, nós, por meio destas páginas, nos conhecemos".

A ESCADA PARA O TRIUNFO
Napoleon Hill

Um excelente resumo dos dezessete pilares da Lei do Triunfo, elaborada pelo pioneiro da literatura de desenvolvimento pessoal. É um fertilizador de mentes, que fará com que a sua mente funcione como um ímã para ideias brilhantes.

A CIÊNCIA DO SUCESSO
Napoleon Hill

Uma série de artigos do homem que mais influenciou líderes e empreendedores no mundo. Ensinamentos sobre a natureza da prosperidade e como alcançá-la, no estilo envolvente do consagrado escritor motivacional.

MAIS QUE UM MILIONÁRIO
Don M. Green

Don M. Green, diretor executivo da Fundação Napoleon Hill, apresenta de forma simples e didática todos os ensinamentos da Lei do Sucesso que aplicou em sua vida.

O PODER DO MASTERMIND

Mitch Horowitz

Com este manual você vai aprender a construir o MasterMind, a mente mestra, um inconsciente coletivo de abundância. Precioso para iniciantes e, se você já tem algum grau de experiência com o MasterMind, uma excelente leitura de apoio e renovação, com técnicas que poderão ser testadas no seu grupo.

O MANUSCRITO ORIGINAL

Napoleon Hill

A obra-prima de Napoleon Hill, na qual ele apresenta em detalhes a Lei do Sucesso. Neste marco da literatura motivacional, Hill explica didaticamente como escolher o objetivo principal de vida e pensar e agir focado na realização de metas.

PENSE E ENRIQUEÇA PARA MULHERES

Sharon Lechter

A autora apresenta os ensinamentos de Napoleon Hill com relatos inspiradores de mulheres bem-sucedidas e suas iniciativas para superar obstáculos, agarrar oportunidades, definir e atingir metas, concretizar sonhos e preencher a vida com sucesso profissional e pessoal.

PENSO E ACONTECE

Greg S. Reid e Bob Proctor

Proctor e Reid exploram a importância vital da forma de pensar para uma vida de significado e sucesso. A partir de entrevistas com neurocientistas, cardiologistas, professores espirituais e líderes empresariais, explicam como pensar melhor para viver melhor.

QUEM CONVENCE ENRIQUECE

Napoleon Hill

Saiba como utilizar o poder da persuasão na busca da felicidade e da riqueza. Aprenda mais de 700 condicionadores mentais que vão estimular seus pensamentos criativos e colocá-lo na estrada da riqueza e da felicidade – nos negócios, no amor e em tudo que você faz.

COMO AUMENTAR O SEU PRÓPRIO SALÁRIO

Napoleon Hill

Registro de uma série de conversas entre Napoleon Hill e seu mentor, o magnata do aço Andrew Carnegie, um dos homens mais ricos da história. Em formato pergunta–resposta, apresenta em detalhes os princípios que Carnegie utilizou para construir seu império.

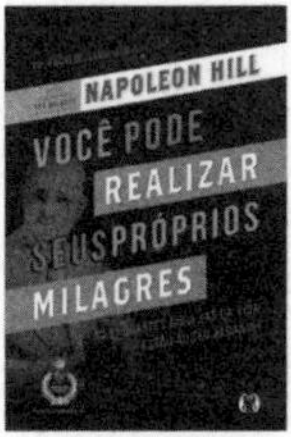

VOCÊ PODE REALIZAR SEUS PRÓPRIOS MILAGRES

Napoleon Hill

O autor revela o sistema de condicionamento mental que auxilia no domínio de circunstâncias indesejáveis, como dor física, tristeza, medo e desespero. Esse sistema também prepara o indivíduo para adquirir todas as coisas de que necessite ou deseje, tais como paz mental, autoentendimento, prosperidade financeira e harmonia em todas as relações.

THINK AND GROW RICH

Napoleon Hill

Um dos livros mais influentes da história, apresenta a fórmula para acumular fortuna e comprova que a receita do sucesso é atemporal. Uma produção brasileira para amantes da literatura norte-americana e para quem deseja aperfeiçoar seu inglês com conteúdo enriquecedor.